これで先生の
アドバイスどおりに踊れる！

バレエ整体ハンドブック

バレエダンサーさんの治療院 主宰
専心良治 院長
島田智史

東洋出版

はじめに

 **先生のアドバイスどおりにしている
つもりなのに、できないのはなぜ？**

　あなたはバレエ教室で、先生からこんなアドバイスを受けた経験はありませんか？「肩が上がってる！」「骨盤立てて！」「膝が曲がってる！」「つま先を伸ばして！」「股関節が詰まってる！」「あばらを締めて！」……。でも、こう思ったことはありませんか？
・自分でなかなか感覚がつかめない……。
・やりたいと思っていても体が硬くてうまくいかない……。
・ストレッチをしてもなかなか柔らかくならない……。

　これには理由があります。その部分を治すことに一生懸命になってしまい、つなげて動かせないからです。そのアドバイスの背景にどんな理由があるか知らないため、言われたところだけ頑張る感じになって他のバランスが崩れてしまうことが多いのです。

　バレエには、バレエ用の体の使い方があり、それらはすべてつながっています。つまり、バレエの体の使い方には、一切ムダなものがなく、体が整う整体の役割も果たしています。

　先生たちは、小さい頃からバレエをやっている方ばかりなので、バレエ用の体の使い方や、そのつながりを自然と体が覚えています。

　たとえば、「骨盤が立たない」ことや「股関節が硬いこと」をアドバイスされたとしても、それはその部分だけの問題ではありません。骨盤や股関節を使えるようになるためには、体幹から脚のつながりを使う必要があります。また、「あばらを締める」「肩を下げる」というのは、体幹から手のつながりを使って行う必要があります。脚をコントロールするときには、実は手と脚の両方を使えないといけません。

こんなふうに先生にアドバイスされた部分と、あなたの体の使い方の間には、言語化されていない溝があるのです。そこを少しでも埋めるためにこの本はあります。

> 「先生のアドバイスどおりにしているつもりなのに
> できない」という迷子状態
> ▼
> この本でバレエ用の体の使い方やつながり、
> 体の知識を得て、アドバイスの理由を理解し、
> セルフチューニングをする！
> ▼
> 自然とできるところを増やしてレッスンで上達！！

　溝を埋めるといっても、難しく考えなくて大丈夫。これまで治療院に来院された約20,000人のクライアントさんのおかげもあって、バレエ用の体の使い方のコツを使ったセルフチューニングができるようにしています。

　この本を手にしてくれたあなたは、レッスン大好きの頑張り屋さんだと思います。

　本当にやりたい動きができずイライラしたり、悲しくなってしまうこともあるでしょう。さらに、動きづらいのを無理して踊り続けることで、ケガをしたり、痛みでレッスンを休まないといけなくなってしまうこともあります。それはとても惜しいことです。この本で、"レッスンで指摘されることの意味"や"体の使い方のコツ"に気づいて体が整っていくと、あなたはもっと踊れるようになり、ケガも減るはずです。

　この本がすべての上達を願うバレリーナさんたちのお役に立つことを願っています。

バレエダンサーさんのための治療院 主宰
専心良治 院長　島田智史

本書の構成

バレエで必要なフィジカル要素は大きく3つあります。脚、体幹、腕の3つです。本書では、それぞれを章立てし、先生からレッスンでよく受けるアドバイスと、そのアドバイス通りに体を使えるようにするためのコツをお伝えします。

脚（レッグ）

1章　美しくしなやかな脚を作るためのアドバイス

股関節から足先までのアドバイスについて、体の使い方やつながり、チューニング法をお伝えします。

体幹（ボディ）

2章　キレのある動きを作る体幹へのアドバイス

骨盤、お尻、お腹、背中、胸のアドバイスについて、体の使い方やつながり、チューニング法をお伝えします。

腕（アームス）

3章　肩や腕がしなやかに動くようになるためのアドバイス

肩から指先、首、頭のアドバイスについて、体の使い方やつながり、チューニング法をお伝えします。

これらが揃うと、バレエが踊りやすい体になります！

＊本書では、足首からつま先の部分を「足」、足首から骨盤までを「脚」と区別しています。
＊自分がよく受けるアドバイスのみトライしてもOKですが、一通り体で確認していただけると、体全体のつながりがわかってくるのでおすすめです。

はじめに 2
本書の構成 4
レッスン前にこれだけはやっておきたい！
踊りやすい体になるセルフチューニング 8
ターンアウトを作る／なんちゃってターンアウトを見極めるCHECK 8
下半身のセルフチューニング 9
上半身のセルフチューニング 10

1章 美しくしなやかな脚を作るためのアドバイス 11

1 ターンアウトして！ 12
ターンアウトするメリット 13
ターンアウトの種類（バレエの足のポジション）14
らくらくターンアウトするコツ 16
コツ1 太ももを先に回す意識を持とう 16
コツ2 先に脚を内側に回してからターンアウトしてみる 17
ターンアウトで使う関節と筋肉を知っておこう 18
股関節を開きやすくする3つの関節 19
股関節を開く筋肉 20
ターンアウトをキープする小さい筋肉 21

2 内ももを使って！ 22
コツ1 みぞおちから脚を使う意識を持とう 23
内ももを使う練習 24
コツ2 足を長く使う意識を持とう 25
ダンサーにとって内転筋が大切なわけ 28
内転筋のグループとバレエの動きの関係 29
内転筋が使えないことのデメリット 30
内転筋を使う練習 31

3 膝を伸ばして！ 32
コツ1 腸腰筋ストレッチを習慣にしよう 33
コツ2 膝の内側にある筋肉を使おう 34
膝関節筋を使うストレッチ 36

4 膝の向きとつま先の方向を揃えて！ 37
コツ 脚を横に開く運動をしておこう 38

5 もっと脚を上げて！ 39
コツ1 脚を持ち上げられる体幹を作ろう 40
コツ2 アームスを使って肋骨を引き上げて脚上げしよう 41
ハムストリングスが硬くなってない？ 42

原因1　骨盤がズレている　43
原因2　体幹が弱い　45
原因3　首〜肩が硬い、顔が先に動く　46
クイックワーク　ハムストリングスをゆるめる　48

6 つま先を伸ばして！　49
コツ　2番ポジションを安定させて、伸びるつま先を手に入れよう　50

2章 キレのある動きを作る体幹へのアドバイス　53

7 引き上げて！　54
コツ1　寝ながらアンオーをして背中をちゃんと使えるようにしよう　55
コツ2　背中の硬さをとって引き上げよう　56
カンブレで手を見続けるとなぜ背中が伸びるのか　58

8 骨盤を立てて！　59
コツ　仙骨を伸ばす意識を持ってみよう　60
仙骨って伸びるの？　61
仙骨をストレッチする方法　62
仙骨を伸ばして骨盤を立てるワーク【その1】　63
仙骨を伸ばして骨盤を立てるワーク【その2】　64

9 骨盤はズレないように！　66
コツ　骨盤のズレをカンブレで調整しよう　67
横のカンブレで骨盤を平行にするワーク　68

10 軸がブレないように！　70
コツ　丹田ウォークでブレない軸を作ろう！　71

11 あばらを締めて！　72
コツ1　あばらを締めるイメージ法を使ってみよう　73
コツ2　広背筋を使えるようにしよう　76
広背筋を使えていますか？　77
広背筋をストレッチするワーク　78

12 お腹を引っこめて！　80
コツ　他ができていれば、お腹は自然と引っこむ　81
クイックワーク　コルセット腹筋のツボ押しで体幹強化！　82

3章 肩や腕がしなやかに動くようになるためのアドバイス 83

13 肩を下げて！ 84
原因1 肩を下げる位置を誤解している！ 85
原因2 みぞおちやお腹、肋骨を固めている 86
原因3 背中や肩が凝っていて、肩甲骨がズレている！ 87
肩下げしやすくなる3つのコツ 88
コツ1 腕を鎖骨の付け根から使って、肩が途中で引っかからないようにする 88
コツ2 親指はしまい、手指は伸ばして美しく使おう 89
なぜ親指をしまうと肩が下がるのか？ 91
コツ3 腕のアンドゥオールを使って、レッスン前に肩を下げやすい状態にする 92

14 肘が下がってる！ 94
コツ 肘の張りをあらかじめ作るワーク 96

15 バーは握らないように！ 98
コツ 指の付け根をバーから離さないようにしてみよう 99
なぜ指の付け根でバーを持つと脇が使えるようになるの？ 100
家にバーがなくてもOK。傘でバーの持ち方レッスンにチャレンジ！ 101

16 腕を長く使って！ 102
コツ 背中で腕を支えて、腕を使おう 103
腕を肩甲骨と肩甲骨の間から使うためのストレッチ 104
クイックワーク 腕が縦に伸びないなら「足」、
横に伸びないなら「手」の疲れをとってみよう 106

17 首をもっと伸ばして！ 108
コツ1 腕の位置を直して、首を長く使おう 109
コツ2 距離感を意識すると、首は長くなる 111
ポール・ド・ブラの秘密①
ポール・ド・ブラを大事にすると、バレエが上達するわけ 112
ポール・ド・ブラの秘密②
ポール・ド・ブラ×目線で全身はもっと使いやすくなる 113

【ふろく①】柔軟性を高めたい方へ ～前屈&開脚～ 115
前屈のコツ 115 ／ 立ったまま仙骨を伸ばす運動をしてみよう 117
プロペラ前屈をしてみよう 118 ／ 開脚のコツ 120 ／
お尻が開かないときのワーク 122
【ふろく②】足と体のつながりがわかる ボディマップ 124
足と体のつながりを知る 経筋の活かし方① アラベスク 125
足と体のつながりを知る 経筋の活かし方② パッセや片足立ち 126
足と体のつながりを知る 経筋の活かし方③ 足首の問題から見た場合 127

＼ たった2、3分でできる！ ／
レッスン前にこれだけは やっておきたい！ 踊りやすい体になるセルフチューニング

　本書では、先生のアドバイスができるようになるためのさまざまなチューニング法をお伝えしていきます。自分の苦手なところをレッスン前に整えておくようにすると効果的です。ただ、時間がないこともあるでしょう。そんなときでも、最低限バレエを踊れる体勢に調整できる簡単な方法をお伝えします。

✦ ターンアウトを作る ✦

　ターンアウトができているか、できていないかで踊りやすさはまったく違います。

なんちゃってターンアウトを 見極めるCHECK

> なんちゃってターンアウトはけがの元にも。気を付けて！

　以下の2つを確認してみましょう。レッスン中でも、ターンアウトがキープできているかこの方法でわかります。

☐ **膝のお皿がしっかり外を向いていますか？**

膝のお皿は大腿骨についています。ターンアウトがちゃんとできていると膝のお皿はしっかり外を向いています。鏡で確認しましょう。

☐ **ルルベアップしたとき、 脚が内向きになっていませんか？**

ルルベアップしたとき、脚が内向きになってしまうのはターンアウトが解けているサインです。床を押せずに体重をかけると股関節は内旋するという特徴があります。ターンアウトがきちんとできていると、ルルベアップしたときに脚が内向きになりにくく安定しやすいです。

下半身のセルフチューニング

主な効果：ターンアウトしやすくなる、内ももが使いやすくなる、1〜5番の各ポジションが入りやすくなる、お腹が使えるようになる

1

両手バーで立ちます。足はフレックス。前後左右に足を擦るようにスライドさせます。時間がないときは、前後だけでもOKです。ポイントは、「足全体で床を擦る」ことです。こうすることで、足先が外に向いていなくても、ターンアウトをキープする深層外旋六筋を使うことができます。

足の裏はしっかり床につけたままで。床を擦るようにゆっくり前に出し、戻します。スライドさせる幅は半歩程度。後頭部から脚が生えていると意識して動かすとより効果的。

〈前後〉片足につき2、3回

深層外旋六筋や腸腰筋に働きかけ、お腹が使えるようになります。

〈左右〉
片足につき2、3回

足は床から離さず、床を擦るようなイメージで動かして。小指側や、かかとが上がりやすいので注意。

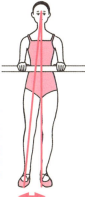

片足を腰幅くらいにスライドしてゆっくり元の位置に戻します。その時、後頭部から脚が生えていると意識して動かしてみましょう。

反対の足も同様に、スライドしてゆっくり元の位置に戻します。

上半身のセルフチューニング

主な効果：脇が使える、あばらが締まる、肩が下がる、引き上がる、肘を張る、腕を背中から使う

　脚同様に、腕もアンディオール（ターンアウト）させておくと、バレエを踊りやすいボディやアームスができます。特に日頃からデスクワークなどで肩が内旋気味な人はレッスン前に必ずしておくとよいでしょう。腕が整うと、脚も使いやすくなります。

1　腕を伸ばして内側にひねります。
二の腕からしっかりひねって。

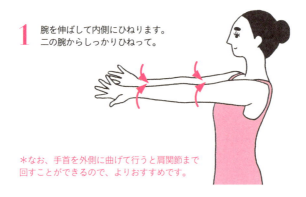

＊なお、手首を外側に曲げて行うと肩関節まで回すことができるので、よりおすすめです。

2　内側の次は外側に腕をひねります。

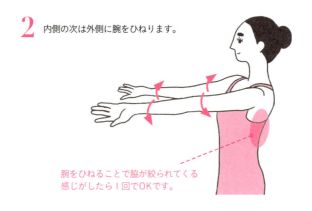

腕をひねることで脇が絞られてくる感じがしたら1回でOKです。

1章

美しくしなやかな脚を作るためのアドバイス

6 つま先を伸ばして！
……49

5 もっと脚を上げて！
……39

2 内ももを使って！
……22

1 ターンアウトして！
……12

4 膝の向きとつま先の方向を揃えて！
……37

3 膝を伸ばして！
……32

1 | 先生からのアドバイス
ターンアウトして！

> 関連する アドバイス
> 「脚の付け根から回して」「お尻を締めて」
> 「座骨を寄せるように」

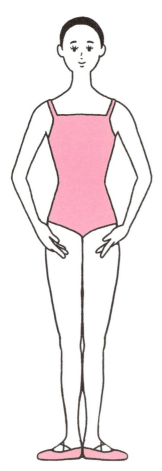

バレエにおいてターンアウトは、すべての動きにつながります。基本でありながらも重要な動きです。初心者のときは特に先生からターンアウトのアドバイスを受けると思います。それに対し、「足が外に開いていること」「股関節を回すこと」なんだろうな〜と何となくイメージしているかもしれません。

ターンアウトは一言でいえば、こんな状態です。

✦ **両方の脚全体を外に開くこと**

✦ **脚を外側に開いたときに、膝の向きとつま先が同じ方向になっていること**

NG ✕

足だけを無理に真横に開いて形を作ってしまうと、つま先は横を向いているのに、膝が前を向いている状態に。地面をしっかり踏めておらず、膝や足首のケガにつながったり、後ろ重心、お尻（腰）が落ちやすくなります。

ターンアウトするメリット

「そもそもなぜバレエではターンアウトするの?」と思うかもしれません。これは見た目だけのことではなく、さまざまなメリットがあるからです。

❶ 可動域が増える
足をさまざまな方向に高く上げることができるのはターンアウトするからです。

❷ 動ける範囲が増える
ターンアウトしておくことで、どの方向にもスムーズに移動できます。

❸ 体がブレない(安定する)
上に伸びようとする力と、床を押す力が互いに引っ張り合うように働くので、軸がブレません。

❹ ケガを防ぐ(安全性)
きちんとしたターンアウトができているとケガや痛みの予防になります。

❺ 長くてほっそりした筋肉がつく
ターンアウトができていると、筋肉の付き方が変わって、プロポーションが縦に伸びるようになります。いわゆるダンサー体型です。ターンアウトができていないと下半身が太くなってしまいます。

　バレエの上達のためには、ターンアウトがかかせないものであることがわかりますね。

ターンアウトの種類
(バレエの足のポジション)

バレエには足のポジションに番号があります。このポジションはどれもターンアウトしていることが前提になっていて、ポジションによってターンアウトの開き方が変わります。一般的な5つのポジションについて説明しておきましょう。

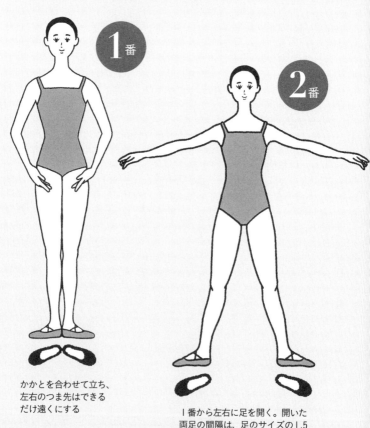

1番
かかとを合わせて立ち、左右のつま先はできるだけ遠くにする

2番
1番から左右に足を開く。開いた両足の間隔は、足のサイズの1.5倍くらい

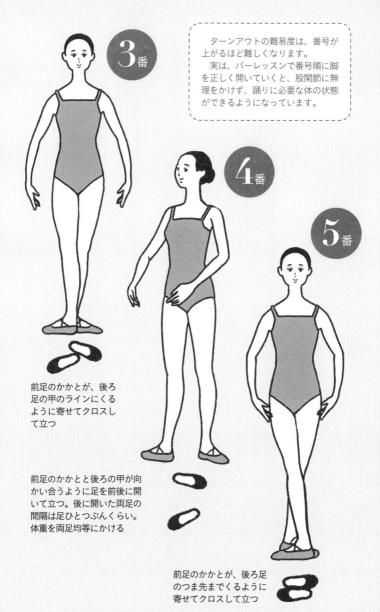

ターンアウトの難易度は、番号が上がるほど難しくなります。
実は、バーレッスンで番号順に脚を正しく開いていくと、股関節に無理をかけず、踊りに必要な体の状態ができるようになっています。

3番

前足のかかとが、後ろ足の甲のラインにくるように寄せてクロスして立つ

4番

前足のかかとと後ろの甲が向かい合うように足を前後に開いて立つ。後に開いた両足の間隔は足ひとつぶんくらい。体重を両足均等にかける

5番

前足のかかとが、後ろ足のつま先までくるように寄せてクロスして立つ

らくらくターンアウトするコツ

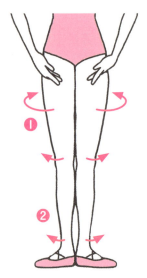

まず、正しいターンアウトのやり方を一言でいうと、脚全体（骨盤からつま先まで）をひとまとまりとして、外側に回旋する、となります。

このとき、太もも裏（お尻の下の内側あたり）が前に出るように股関節を開くと、きれいに回りやすいです。といって、そのとおりすんなりできれば苦労はありませんよね。

❶太ももを回す
▼
❷回ってないぶんを膝や足首の関節でカバー、というイメージを持ちましょう

コツ1 太ももを先に回す意識を持とう

最初から足先を思いっきり開いてポジションの形を作るのではなく、上の図の矢印①のように「太ももを先に外旋する」と意識する。たったこれだけで足先だけのなんちゃってターンアウトを防ぐことができます。実は、足を先に開いてしまうと人体の構造上、肝心の股関節は開きません。反対に固めてしまい、O脚や膝を痛める原因になります。

太ももをどれくらい外旋するかは片脚60度（両モモで120度）くらいを目標に。最初は両モモ90度（片脚45度）くらいからでも十分。レッスンを重ねていくうちに開きやすくなります。

この60度という数字には根拠があります。『THE DANCER AS ATHLETE』という論文によると、プロのダンサーでも片脚70度のターンアウトができる人は少ないそうです。

コツ2 先に脚を内側に回してから ターンアウトしてみる

これは、内転筋（P28）を使うことで股関節を開く筋肉をストレッチする方法です。コツ1で太ももを股関節で回す感覚がいまいちつかみづらい方には特におすすめです。

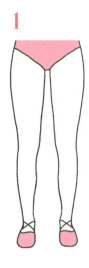

1 肩幅に足を開く

足はパラレル（つま先を前に向けた状態）で肩幅に開きます。

2 つま先を内側に向ける

つま先を内側に向けます。股関節を外旋する筋肉をストレッチして回しやすくする前フリです。

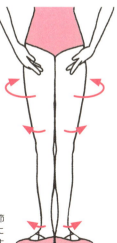

3 そこからターンアウト

そこからターンアウトで脚を外に回して股関節を開いていきます。両方のかかとがつくように回すとターンアウトがきれいに入りやすいです。

ターンアウトで使う
関節と筋肉を知っておこう

　前ページの「コツ」によってなぜターンアウトがしやすくなるのか、解剖学的に解説しておきましょう。ターンアウトをするとき、メインで使われる関節は股関節です。プラス膝関節と足首の関節がサポートします。

メイン　股関節＝付け根から脚を回すための関節

股関節は、骨盤の寛骨臼と、大腿骨頭でできています。寛骨臼は骨盤の横にある部分で腸骨・坐骨・恥骨でできていて、大腿骨頭がおさまるソケットの役割をします。

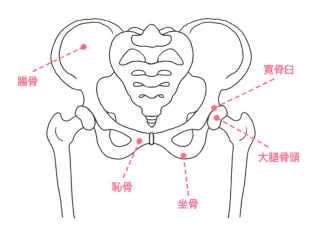

腸骨 / 寛骨臼 / 大腿骨頭 / 恥骨 / 坐骨

サポート　膝関節

膝関節は、曲げ伸ばしはできますが、ねじれはあまりできません。足先だけターンアウトして、膝がねじれるような状態を続けていると靭帯をケガしやすいのです。最悪、ちょっと踊るだけで膝が腫れるようになります。

サポート　足関節

足首の関節は、ターンアウトで股関節を開いたぶんをサポートするために使います（特に5番で）。先に足先を横に向けてしまうと、足は開いて見えても股関節は回っていない、なんちゃってターンアウトになりがちです。ちなみに、足首をフレックスしながら回すと、股関節が回りやすいです。

股関節を開きやすくする3つの関節

本来、足を付け根から回す（股関節を開く）ためには、体全体のバランスがしっかりしていないとうまくいきません。お尻に力が入ってしまったり、膝がねじれて「開けない」となってしまいます。はじめから全身を意識することは難しいかもしれませんが、完璧なターンアウトは全身の使い方が大切なのだと覚えておいてください。特に、以下の3つの関節が股関節の開きに影響します。

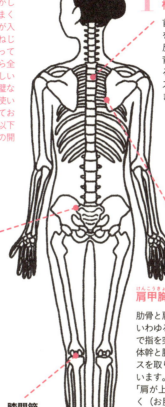

1 椎間関節（ついかんかんせつ）

首からお尻まで背骨をつなぐ関節です。反り腰だったり、猫背や首を丸めたりすると、骨盤の傾きがズレて、股関節が開きづらくなります。

2 仙腸関節（せんちょうかんせつ）

骨盤の後ろにある仙骨と骨盤の横にある腸骨のつなぎ目の関節です。股関節は骨盤につくので、ここがズレていたりすると股関節の開きに左右差がでてきます。反対にいうと、骨盤を水平にキープすることは、ターンアウトをサポートしてくれます。

3 肩甲胸郭関節（けんこうきょうかくかんせつ）

肋骨と肩甲骨をつなぐ部分。いわゆる「肩甲骨はがし」で指を突っ込む部分です。体幹と腕をつないでバランスを取りやすくしてくれています。ここが働かないと、「肩が上がる」「あばらが開く（お腹が出る）」ようになって、引き上げがしづらくなります。引き上げできないと、ターンアウトするときに腰がつまり、お尻が後ろにいってしまい、股関節が開きづらくなります。

膝関節

足関節

第一章

股関節を開く筋肉

ターンアウトでは、股関節を開く（外旋する）筋肉を使います。
股関節を開くときに使われる筋肉は、以下のように大きい筋肉と、奥にある小さい筋肉に分かれます。ターンアウトのキープに使うのは小さい筋肉（深層外旋六筋）です。

股関節を開く大きい筋肉の役割

【お尻】

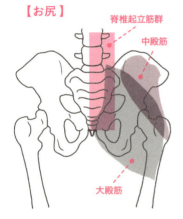

【腰・前もも】

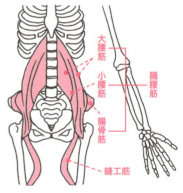

　股関節を開く筋肉で大きいものは、3つのカテゴリーがあります。①お尻：大殿筋・中殿筋 ②腰：腸腰筋 ③前もも：縫工筋です。
　ただ、これらをメインに股関節を開こうとすると可動域が減るため、ターンアウトには、次ページの深層外旋六筋を働かせるほうがよいです。

　では、この大きい筋肉はターンアウトに関係ないのか、というとそうでもありません。体幹や骨盤を支えたり、体のバランスを保ったりすることでターンアウトを助けています。ただ、こちらをメインで使いすぎると、十分な外旋がしにくく、腰痛や下半身が太くなる原因にもなります。

ターンアウトをキープする小さい筋肉

股関節を開くとき使いたい筋肉は深層外旋六筋といわれます。その名の通り6つあり、お尻の奥にあります。

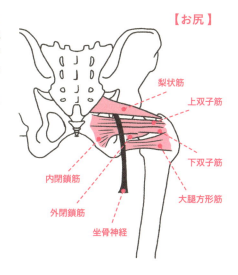

【お尻】
- 梨状筋
- 上双子筋
- 下双子筋
- 大腿方形筋
- 内閉鎖筋
- 外閉鎖筋
- 坐骨神経

バレエのレッスンでターンアウトをするときに、「お尻を締めて」「大転子（お尻の外にある出っ張り）をしまって」「お尻の下（坐骨）を内側に回すように」といったアドバイスを聞いたことはありませんか？　これは、深層外旋六筋を使うことによりできることです。この筋肉が働くことでターンアウトをキープできます。

自分で使えているかチェックするときのポイントは、「どこに力が入っているか」です。大腿方形筋は、お尻の一番下を回すときに使います。ここが使われていればお尻を締めるときもお尻の上に力を入れずにすむはずです。いきなり足先から開こうとすると、お尻の大きい筋肉が先に動いてしまい、深層外旋六筋にスイッチが入りません。

そこでおすすめなのが、P9でご紹介した足をパラレルのまま足裏がすべて床に着いた状態で前後左右に動かす運動です。そうすることで、自然とターンアウトをキープする筋肉を使うことができます。

2 | 先生からのアドバイス
内ももを使って！

関連する
アドバイス
「外ももを使わないように」
「内側に寄せる意識で」「かかとを前に出して」

内ももを使うためには、
内ももを
意識してはいけない！

　先生から「内ももを使って」と言われたとき、あなたはどのあたりの筋肉だと思っていますか？
　「太ももの内側にある筋肉でしょ？」と思っているかもしれません。実は、バレエで「内ももを使って」と言われたとき、正しくは「太ももの内側プラス裏側」＋「体幹」の筋肉を指します。つまり、内転筋とハムストリングス（P43）の一部と体幹のことなのです。
　ここでは内転筋をとりあげましょう。内転筋は太ももの内側にある筋肉で、脚を閉じようとしたときに力が入ることがわかる部分です。ただ、内転筋を意識して使おうとすると「前ももや太ももの外側に力が入っちゃう」という人が多いのです。なぜなら、内転筋にいく神経よりも、大きい筋肉である前もも（大腿四頭筋）にいく神経のほうが脳からの命令が届きやすいから。つまり、内ももを意識しているつもりでも、実際は前ももに命令を送ってしまっている人が多いのですね。

コツ 1 みぞおちから脚を使う意識を持とう

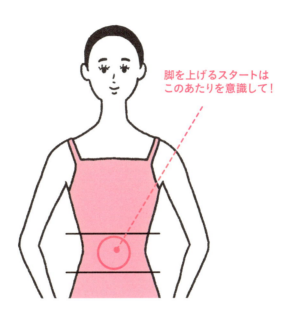

脚を上げるスタートはこのあたりを意識して！

　内転筋を使いたいのなら、内ももに意識をもっていくのは逆効果です。
　ではどこを意識したらいいかというと、体幹です。
　でも、タンデュで足を出すときも、脚を使うとなると股関節から脚を動かしたくなると思います。そこでまずは、みぞおちあたりから脚が生えているイメージをして使うと大腰筋というインナーマッスルを使うことができます。結果的に内ももも一緒に使えるのです。
　このクセがつくと、自然と前ももを使わないようにできるのです。

内ももを使う練習

～仰向けで前タンデュをしてみよう～

本来、バーレッスンでタンデュが正しくできていると、「体幹から使う」というスキルは身につくものなのですが、特に大人からバレエをはじめた方などは大腰筋や内転筋を使うという感覚が掴みにくいようです。特にそういう方には、「仰向けで前タンデュ」が有効です。

体幹を使う感覚を目覚めさせよう

仰向けで寝て、脚をタンデュに上げます。

まず、内ももを意識しようとすると、前ももに力が入ってしまうことを確認してみましょう。次にお腹を意識して前タンデュをしてみてください。

内ももを意識したときより、内ももを使えていることに気づくはずです。

なお、手でテニスボールを床に押し付けながら行うと、体幹がより使いやすくなります。同時に脇を使ったり、あばらを閉じるエクササイズにもなります。

コツ2 足を長く使う意識を持とう

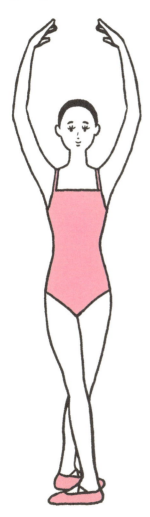

　バレエの基本の5つのポジションも内ももを使う動きです。つまり、股関節から下が脚だと思って使っていると、ほとんどの人は内ももに意識がいかず、前ももを使って無理にターンアウトしてしまいがちなのです。おすすめの方法として、たとえば5番ポジションのときは、首の付け根から脚だと思って動いてみてください。4番のときは、胸の間あたりからです。「は？」と思うかもしれませんが、これは体の中心軸を簡単に意識することができ、頭と手脚の釣り合いがとれて、全身のバランスがとりやすくなる方法なのです。

　本来、バーレッスンを正しく行うと、1番から5番までじょじょに股関節が開き、踊りやすい体になるのですが、初心者は特に4番や5番で足が深く入りにくいとか、動きがぎこちなくなりがちです。そんなときは、ポジションの順番が上がる（P14）ごとに脚の長さが長くなると意識してみると、動きながらターンアウトを維持することができるようになってきます。

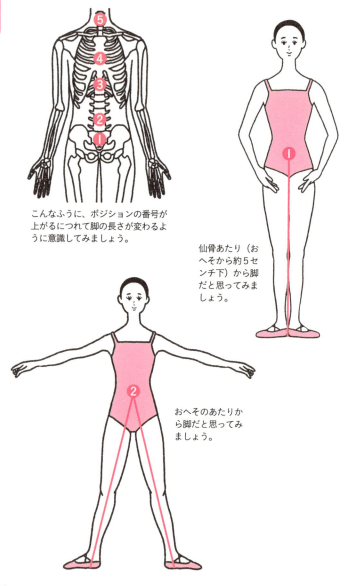

こんなふうに、ポジションの番号が上がるにつれて脚の長さが変わるように意識してみましょう。

仙骨あたり（おへそから約5センチ下）から脚だと思ってみましょう。

おへそのあたりから脚だと思ってみましょう。

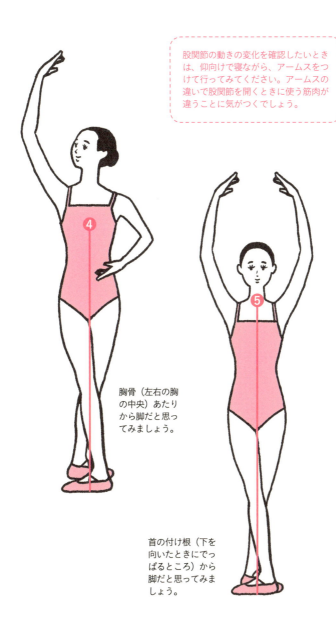

股関節の動きの変化を確認したいときは、仰向けで寝ながら、アームスをつけて行ってみてください。アームスの違いで股関節を開くときに使う筋肉が違うことに気がつくでしょう。

胸骨（左右の胸の中央）あたりから脚だと思ってみましょう。

首の付け根（下を向いたときにでっぱるところ）から脚だと思ってみましょう。

ダンサーにとって
内転筋が大切なわけ

　内ももの筋肉は、解剖学的には主に内転筋と呼ばれる筋肉を指します。内転筋の主な働きは、両足を引き寄せること。この内転するという働きが、どの分野のダンサーにとっても大事だとされる理由は、体の軸を作る役割があるからです。

　たとえば、片足立ちでさまざまなポーズをするとき、内転筋は外転筋（中殿筋など）と一緒に働いて骨盤を安定させます。内転筋と外転する筋肉のバランスが悪いと骨盤がずれて軸足が使えません。

　軸やバランスをとるためには、内転筋が不可欠なのです。

内転筋が働くことで、片足でバランスがとりやすくなります。

内転筋のグループとバレエの動きの関係

　内転筋には5つの筋肉（大内転筋、長内転筋、短内転筋、恥骨筋、薄筋）があります。これらの名称を覚える必要はありませんが、それぞれには役割があり、そのキャラがなんとなくでもわかると、ダンスやメンテナンスに役立てることができます。

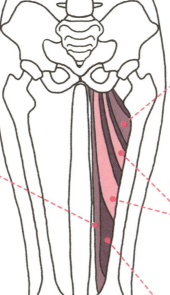

恥骨筋

骨盤の前にあり、大腿骨を恥骨に引き寄せる（屈曲と内旋）。骨盤が前傾してしまうときに関係している。

薄筋

股関節と膝の両方に働く。下肢が固定された状態で骨盤を前傾させるときに働く。

短内転筋、長内転筋

鼠径部（足の付け根）の痛みの原因になりやすい（特に長内転筋）。脚をアラスゴンドに上げたときに脚の付け根が痛い場合は、ここが疲労して使えていません。

大内転筋

前側：内転筋として働く
後ろ側：ハムストリングスの一部として働く（アラベスクやアチチュードで脚を後ろに上げたとき、外に開くのを防いでくれる）。

　ターンアウトしたとき、内ももを前に押し出すのも内転筋たちの働きです。
　足を前に上げるとき、大内転筋以外の内転筋（恥骨筋、長・短内転筋、薄筋）はターンアウトした状態で腸腰筋と一緒に使われています。

内転筋が使えないことのデメリット

　内転筋の働きは、足を引き寄せて体の軸を作ることとお伝えしました。内転筋が使えないと、「膝が外へ向く」「軸がブレる」となり、バレエに限らず、踊りをする上で困った状態になります。

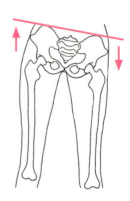

膝が外へ向く

- ☐ O脚になる、膝が曲がる
- ☐ 膝痛、腰痛が起こりやすくなる

軸がブレる

- ☐ 軸足が弱い
- ☐ 片足バランスがやりづらい
- ☐ 骨盤がズレる
- ☐ 股関節が硬い

> **まとめ** 具体的には、次の5つの症状が起こりやすくなります。
>
> ❶ 片足バランスがやりづらい・軸足が弱い
> ❷ 骨盤がズレる
> ❸ 股関節を動かす感覚が鈍くなる（動きが硬くなる）
> ❹ O脚になる、膝が曲がる
> ❺ 膝痛、腰痛が起こりやすい

内転筋を使う練習

「内転筋が使えたほうが踊りにプラスなんだな〜」ということがなんとなくイメージできたでしょうか。
　実は、バレエのレッスンでは、「内転筋を伸ばしながら使えるシーン」がちゃんと用意されています。
　たとえば、

・2番ポジションから4番に移るとき（腸腰筋も一緒に使います）
・タンデュで伸ばした足を戻すとき
・ロン・デ・ジャンブ・ア・テールを膝を曲げずに行うとき
・デガジェ

などなど、ことあるごとに内転筋を使うシーンがあります。

✦ レッスン前に、2番→3番を内転筋を伸ばして行おう

　実は、2番→3番は、内転筋を使うよい運動なのですが、最近のレッスンでは省略することが多いものです。2番ポジションをきちんとやった後に、3番ポジションにするという練習を丁寧に何回かやってみてください。内転筋にスイッチが入ります。

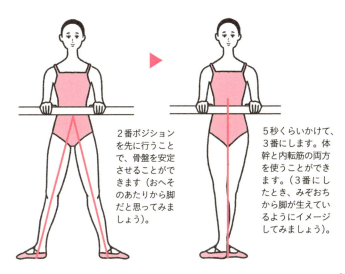

2番ポジションを先に行うことで、骨盤を安定させることができます（おへそのあたりから脚だと思ってみましょう）。

5秒くらいかけて、3番にします。体幹と内転筋の両方を使うことができます。（3番にしたとき、みぞおちから脚が生えているようにイメージしてみましょう）。

3 先生からのアドバイス
膝を伸ばして！

> 関連する アドバイス
> 「膝のお皿が出てる」「膝が曲がってる」
> 「膝の後ろを伸ばして」

バレエを踊っていて「膝が伸びない…」と思うことはありませんか？　自分では膝をちゃんと伸ばしているつもりなのに、先生から注意されて困惑している人もいるかもしれません。

実際、膝の構造そのものに問題があればレントゲンをとるとわかります。ただ、そういうケースは非常にまれです。

原因のひとつは、腸腰筋が短くなってしまっているケースです。

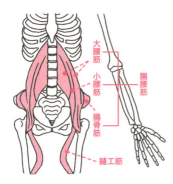

腸腰筋は腰の奥と骨盤から股関節につながる筋肉です。姿勢をキープしたり、股関節を持ち上げるときに使います。猫背など、悪い姿勢を続けていると、この筋肉が短くなり股関節が動かしにくいぶん、膝が伸びにくくなります。

また、腸腰筋が短いとプリエから立ち上がるときにハムストリングスが使えず、膝裏が伸ばしにくい原因のひとつになります。

腸腰筋短いかも？ CHECK

- ☐ 腰が浮く
- ☐ 膝裏が床につかない
- ☐ 朝起きたばかりのときに腰が痛い

どれかがあてはまれば腸腰筋が短くなっている可能性があります。

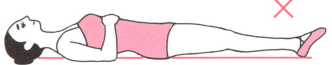

コツ 1　腸腰筋ストレッチを習慣にしよう

　腸腰筋が短くなっていると、膝が伸びにくいだけでなく、バレエを踊っていて足の付け根が痛くなったり、アラベスクやグランバットマンのときに脚が上がりにくく引っかかるように感じたりすることもあります。そうなる原因はこれだけとは限りませんが、応急処置として腸腰筋を整えるストレッチ法をお伝えしましょう。脚の付け根に痛みがある場合にも有効です。

やり方

❶ 仰向けに寝転がり、両膝を立てて、片足ずつ膝をまっすぐお腹に近づける

お腹に近づけにくい脚のほうからスタートします（ちなみに普段から猫背や骨盤がタックイン（骨盤後傾P43）しやすい人は、両方厳しい場合も）。

❷ お腹に近づけにくいほうの膝を抱え込み、7秒キープ

痛みがでるかでないかくらいのところまで膝を抱えます。7秒そのままにしていると、筋肉がゆるみます。もう片方の足は伸ばしていても、立てたままでもOKです。

❸ ❷を何回か繰り返します

1回目より2回目、2回目より3回目のほうが脚をお腹に近づけやすいはず。理想は、お腹にくっつくくらいまでストレッチすることです。片脚が終わったら、反対の脚も同様に行います。

arrange

膝をまっすぐ抱え込むことができるようになったら、膝をおへそに向けて抱え込むやり方もやってみてください。アラベスクで脚が後ろに上がりにくい場合はこちらのほうが有効です。

▶P22、「内ももを使って！」のアドバイスも膝を伸ばすために役立ちます。

コツ2 膝の内側にある筋肉を使おう

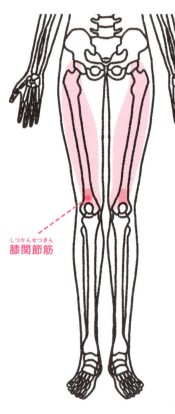

膝関節筋
（しつかんせつきん）

　レッスンで先生から、「膝裏を伸ばすように」と言われると、前もも（大腿四頭筋）に力が入ってしまうという方もいるでしょう。そういうときは、膝を伸ばしやすくする内側の筋肉を意識してみましょう。大腿四頭筋の深部にある膝関節筋という筋肉です。膝のお皿から約4センチ上にあります。この筋肉を使うと、膝の中身を持ち上げて膝を伸ばすことができます。

　バレエでは前ももをたくさん使うことは望ましくありません。脚が太くなってしまうというだけでなく、膝を伸ばすという観点からみても、前ももで膝のお皿を引き上げようとすると膝が曲がってしまうという悪影響があります。

大腿四頭筋を使うと……

　大腿四頭筋で膝を伸ばそうとすると、脛の骨が引っ張られるようになります。すると、間に挟まれた膝は後ろに入ります。一見、膝が伸びているように見えるのですが、力の加わり方としては後ろに入っています。すると、軸足にしたとき、支えきれずに膝が曲がってしまうのです。

膝関節筋を使うと……

　膝関節筋を使うことができると、膝の中身（膝蓋上包という部分）も一緒に持ち上げることができます。そうすると、膝はまっすぐ伸びやすくなります。

　膝蓋上包というのは、膝関節の中にあり、潤滑剤のように働く膜のようなものです。

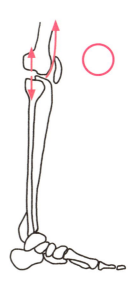

膝関節筋を使うストレッチ

膝関節筋を働かせるストレッチから
スタートしてみましょう

❶ 脚を伸ばして座ります（長座）

脚を伸ばして座ると、もも裏が痛くなって辛い人は、片脚ずつ行います。

❷ 膝のお皿から、約4センチ上のところを親指で押さえます

押さえ方は、あまり力を入れず、押したら2秒待つのがポイント。
それから、足の付け根に向かって引っ張ります。たくさん引っ張らなくても、数センチ上にあげるくらいでOKです。

「親指で少し押して、少し引っ張るだけでOK」
膝関節筋は奥にある筋肉なので、ギュッと押したくなるかもしれませんが、そうすると小さい筋肉のため反応しなくなってしまいます。

❷の状態を作ったら、足首をフレックスしたり、つま先を伸ばすようにすると、さらに膝裏が伸びやすくなります。

「膝裏が伸びてるかな？」と思ったときは、つま先を伸ばしたときの甲のつっぱりが減っているかチェックしてください。

ここのつっぱりが減っていれば膝裏が伸びているサインです。

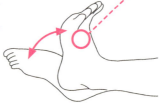

▶P49「つま先を伸ばして！」、P63〜65「骨盤を立てるワーク」をしてから長座のポジションをとるとより膝裏が伸びやすくなります。

4 〈先生からのアドバイス〉
膝の向きとつま先の方向を揃えて！

> **関連するアドバイス**　「膝が前に出ている」「ターンアウトして」「内ももを使って」「骨盤を立てて」

　プリエをするときに、膝の向きとつま先を同じ方向に向けるように注意を受けても、「股関節が開かない」と思っている人は多いかもしれません。

　プリエで体を下に下げていくときに、うまくいかない理由には主にこの３つがあります。

❶ 前ももに力が入ってしまう
❷ 体が前に傾く OR お尻が出てしまう（出っ尻）
❸ 親指や土踏まずが内側に入ってしまい、母指球のあたりで体を支えることになってしまうため、十分に床を踏めない

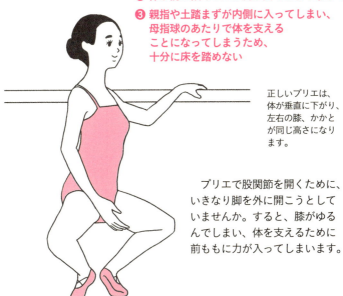

正しいプリエは、体が垂直に下がり、左右の膝、かかとが同じ高さになります。

　プリエで股関節を開くために、いきなり脚を外に開こうとしていませんか。すると、膝がゆるんでしまい、体を支えるために前ももに力が入ってしまいます。

脚を横に開く運動をしておこう

　股関節を開くためには、いきなり脚の付け根を外回し（外旋）するのではなく、レッスン前に先に脚を横に上げる（外転）運動をしてみてください。プリエで股関節を開く助けになります。本来、正しいターンアウトやプリエは、足が床から離れることはありませんが外旋の前に外転の動きをしています。そうすることで、「座骨を引き上げる」「股関節と骨盤の間にスペースを作る」といったことができ、動きながらも股関節が開きやすくなっているのです。

　大人バレリーナさんにはそこが難しいところだと思います。でも、レッスン前に簡単な脚の横上げ運動をするだけでかなり改善できるでしょう。

Point

❶ バーや壁で体を支えます。体幹がなるべくブレないように

❷ 足首はフレックス

❸ 膝は伸ばしたままで

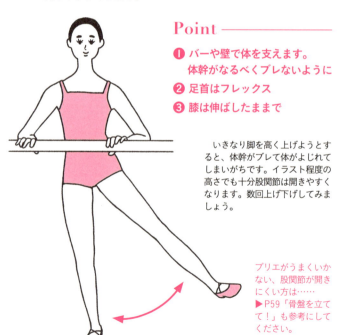

　いきなり脚を高く上げようとすると、体幹がブレて体がよじれてしまいがちです。イラスト程度の高さでも十分股関節は開きやすくなります。数回上げ下げしてみましょう。

プリエがうまくいかない、股関節が開きにくい方は……
▶P59「骨盤を立てて！」も参考にしてください。

5 | 先生からのアドバイス
もっと脚を上げて！

> 関連するアドバイス **「パッセをもっと高く」「骨盤はずれないように」**

「脚を高く上げたい」。バレエを踊っていて、こう思わない人はおそらくいないでしょう。

脚が高く上がらない理由を、「股関節の可動域が狭いから」と思っていませんか。それも理由のひとつではあるのですが、開脚で180度に脚がビターっと開くような体の柔らかい人でも脚が上がらない人はたくさんいます。

踊っているときに脚を高く上げるためには、股関節の可動域が広いだけでは足りません。少なくとも、次の3つの要素が必要です。

❶ 脚を支えられる体幹がある
❷ アームスをきちんと使って肋骨を引き上げている
❸ 内転筋や股関節まわりの柔軟性がある

自分がこの3つをクリアできているかどうかは、以下をチェックしてみましょう。

**☐ 仰向けで脚上げをしたときに
   太ももの内側を使っているか**
**☐ バーレッスンで、体の中心に乗ったタンデュ、
   まっすぐに体をおろすプリエができているか**
☐ そもそもストレッチの量と質が足りているか

バレエできれいに脚が高く上がる人は、股関節周りのストレッチを少なくとも30分は行っています。単純にストレッチ量が足りていないこともあるかもしれません。なお、ストレッチを行うときは軽く体を動かして、体温を上げてからのほうが効果的。レッスン後やお風呂上がりの時間を上手に利用しましょう。

コツ1 脚を持ち上げられる体幹を作ろう

あなたが、「腹筋が足りない」「出っ尻になっている」「体幹が弱い」などと先生に注意を受ける、自分でそう感じているなら、ここをクリアすることで股関節の可動域を上げられます。

体幹が使えているかどうかは、仰向けで寝た状態で脚上げをしたときに、次の2つをチェックしてください。

- □ ピッピッと素早く脚を上げられる
- □ 太ももの内側に力が入る

少なくともこの2つはできるようになる必要があります。

▶P22「内ももを使って！」も、体幹を鍛える参考になります。

コツ 2 アームスを使って肋骨を引き上げて脚上げしよう

　アームスは股関節の動きをサポートします。アームスをきちんと使って肋骨を引き上げることができると、股関節を動かす範囲を広げていけるのです。
　これは、バーをきちんと使うことで身につけることができます。バーレッスンでは、この2つをチェックしてみてください。

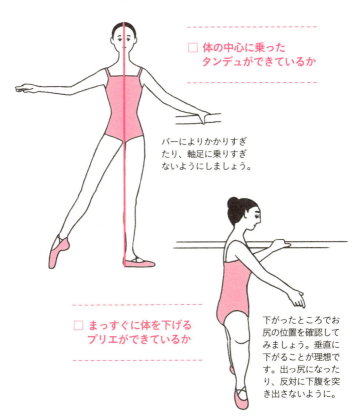

□ **体の中心に乗ったタンデュができているか**

バーによりかかりすぎたり、軸足に乗りすぎないようにしましょう。

□ **まっすぐに体を下げるプリエができているか**

下がったところでお尻の位置を確認してみましょう。垂直に下がることが理想です。出っ尻になったり、反対に下腹を突き出さないように。

▶P54「引き上げて！」、P59「骨盤を立てて！」も参考にしてください。

ハムストリングスが硬くなってない？

　ここで、脚についての悩みに多いハムストリングス（太ももの裏）の硬さについて、説明しておきましょう。
「ハムストリングスが硬い」と思うとき、一生懸命その部分をストレッチしたり、マッサージしているかもしれません。筋肉自体が疲れていて硬いということであれば、それも効果的ですが、実は他の部分をかばって硬くなっているという場合があります。
　以下の３つのパーツのどこかに問題があると、体勢を崩さないようにかばってハムストリングスが硬くなっている場合があるのです。

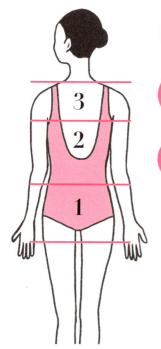

原因 1 **骨盤がズレている**

原因 2 **体幹が弱くて肋骨が開く、背中が硬い**

原因 3 **首〜肩が硬い、顔が先に動く**

　では、どんな感じでハムストリングスの硬さに影響するのかみていきましょう。

原因 1 骨盤がズレている

　骨盤のズレが、一番ハムストリングスへの影響が強いです。理由は、ハムストリングスは骨盤（坐骨）から膝裏までつながっている筋肉なので、骨盤の位置による影響を受けやすいからです。骨盤がタックインしてお尻が下がるタイプ、出っ尻になってお尻が出るタイプがあります。

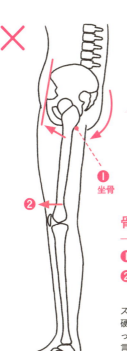

【ハムストリングス(後)】

半腱様筋　大腿二頭筋　半膜様筋

骨盤がタックインすると、坐骨が下がるので、ハムストリングスが縮み、膝が曲がりやすい

❶ 坐骨
❷

骨盤がタックインしていると……

❶ 坐骨が下に下がる
❷ 膝は前に押し出されて曲がる

　このようになります。間にあるハムストリングスが、縮んでしまいますから、伸ばそうとすると硬くなるのです。解剖学用語では、骨盤後傾といって、レッスンで「骨盤が後ろに傾いている」と言われることもあるかもしれません。猫背の原因にもなりやすいものです。

出っ尻になると……

出っ尻になると、

❶ 坐骨は上(後ろ)に引っ張られる
❷ 一見伸びそうな感じがしますが、すねが前に押し出されるため、結局膝は曲がってしまう

　このようになります。すると、ハムストリングスでも膝裏に近いあたりが伸びにくいということになります。なお、出っ尻は、解剖学では骨盤前傾といい、骨盤が前に傾いている姿勢で、反り腰になったり、お腹が出てみえたりします。

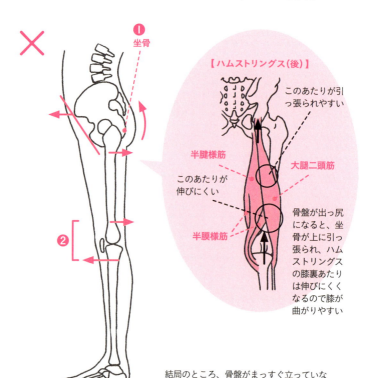

結局のところ、骨盤がまっすぐ立っていないと、膝は曲がってしまうということです。

原因 2 体幹が弱い

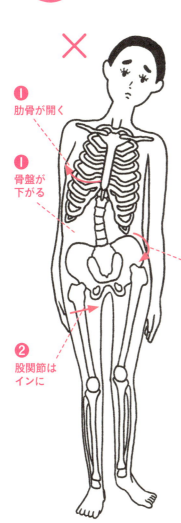

骨盤のズレをつくる原因になりやすいのが、体幹の弱さです。体幹が弱くてグラグラしたり、背中が硬い状態だと、こんなゆがみが起きやすくなります。

❶ 肋骨が開いて、骨盤が下がる
❷ 股関節は内側に入りやすくなる
❸ 反対側の骨盤は前に押し出される

❶ 肋骨が開く
❶ 骨盤が下がる
❸ 骨盤は前に
❷ 股関節はインに

この図でいうと、向かって右側はタックインタイプで、左側は出っ尻タイプでそれぞれハムストリングスが硬くなります。
そして、この体幹の弱さ、ゆがみの始まりは、首から肩にかけての緊張で引き起こされます。

原因 3 首〜肩が硬い、顔が先に動く

　首の緊張は、体の歪みを引き起こすスタートです。「首がグラグラ動く（そのために首を固める）」「踊っていて顔から先に突っ込む（顔が前に出る）」など、表現はいろいろありますが、顔から先に動いてしまうと、首が緊張して肩甲骨が上に引っ張られます。いわゆる肩が上がった状態になってしまうのです。

　すると、背中は体勢が崩れないようにかばって固まるため、背中が動かず硬くなります。そして、原因2のようなゆがんだ姿勢の状態になってハムストリングスが硬くなってしまうのです。

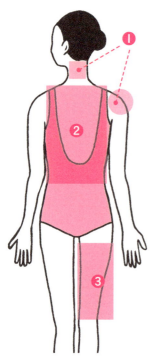

❶ 顔から先に動く
（首と肩が動く）
▼
❷ 背中が動かない
（硬い）
▼
❸ ハムストリングスが硬い

＊なお、顔、つまり頭は、伸ばした背骨の延長線上に乗っかっているとイメージし、一番最後につけるようにすると、よけいな首の力が抜けて全体の動きはスムーズになります。

\ 解決策 /

　ハムストリングスが硬いとき、筋肉そのものをほぐすことで解決する場合もありますが、硬さが取り切れないときは、このようにパーツに分けてみると、自分はどのあたりが原因でハムストリングスが硬くなっているのか、アプローチするヒントになるでしょう。下記にまとめておきますので、関連するページを読んで試してみてください。

原因 1　骨盤がズレている

▶ P59「骨盤を立てて！」、
　P66「骨盤はズレないように！」

原因 2　体幹が弱い

▶ P54「引き上げて！」、
　P72「あばらを締めて！」

原因 3　首〜肩が硬い、顔が先に動く

▶ P84「肩を下げて！」、
　P108「首をもっと伸ばして！」

第1章

今すぐ どうにかしたい！ **クイックワーク**

ハムストリングスをゆるめる

　骨盤のズレがハムストリングスの硬さの大きな原因になるとお伝えしました。骨盤と足首の骨はリンクしているので、そちらからハムストリングスを整える方法もあります。

　外くるぶしにはハムストリングスに対応したポイントがあります。それぞれのポイントをほぐすことで対応する部分をゆるめることができます。

ハムストリングスと関係する足首のポイント

❶ 外くるぶしの真下

ハムストリングスの真ん中くらいが硬いときはここに問題ありです。

❷ 外くるぶしの斜め前

ハムストリングスでも、より膝に近い部分が硬いときには、外くるぶしの斜め前が痛いか、むくんでいたりします。

❸ 外くるぶしの斜め後ろ（かかとの上）

中央というよりは、外側や横のハムストリングスが硬いときは、外くるぶしの斜め後ろ（かかとの上）に問題ありのサインです。

〈 ほぐし方 〉

それぞれのポイントの皮膚を前後に引っ張るようにほぐします。パーツごとに分けましたが、すべてほぐしたほうが相乗効果が発揮されます。毎日続けることでハムストリングスの硬さがとれてきますよ。

この方法は、ここまで説明した原因1、2、3を整えつつ行うとより効果的です。

6 | 先生からのアドバイス
つま先を伸ばして！

> 関連する　「甲を伸ばして」「指が遊んでいる」
> アドバイス　「指を丸めないように」

　バレエでつま先を伸ばすとき、足裏の筋肉を使うようにしないと、ルルベが低くなったり、ポワントで立ちにくかったりします。タンデュも美しくありません。だからといって、足をギュッとして指を曲げてもきれいにつま先は伸びませんよね。そうなると、「足裏が弱いのかな……」と思って、鍛えようとする方が多いのですが、実は、これらは足裏が弱いのとは別に、そもそも足裏を使いづらい状態で使っているのが原因のひとつでもあるのです。

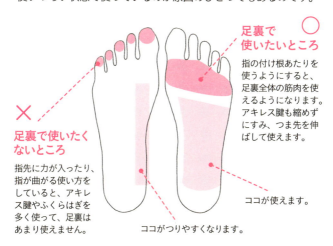

足裏で使いたいところ
指の付け根あたりを使うようにすると、足裏全体の筋肉を使えるようになります。アキレス腱も縮めずにすみ、つま先を伸ばして使えます。

足裏で使いたくないところ
指先に力が入ったり、指が曲がる使い方をしていると、アキレス腱やふくらはぎを多く使って、足裏はあまり使えません。

ココが使えます。

ココがつりやすくなります。

> ❗ **足裏がつるのは、指を使いすぎのサイン**
> ただ、通常、足裏を使おうとすると指先に力が入り、指が曲がってしまうものです。すると、足裏というより土踏まずの内側に力が入ります。だから、足がつったりするのです。

コツ 2番ポジションを安定させて、伸びるつま先を手に入れよう

では、指先に力を入れず、足裏を使ってつま先を伸ばすにはどうすればいいか？

それは2番ポジションでの動作（プリエ、ロールアップなど）を安定させることで可能になります。

どういうことか、そのしくみを説明しましょう。つま先を伸ばすとき、ポイントになるのは足首の角度です。

ルルベやポワントで立つときも、足首の角度を変えていくことで高く立つことができます。そのイメージをしてみましょう。

ポワントで立つというのは、①の立っている状態から、②じょじょにつま先を伸ばし、最終的に③のポワントの状態になります。足首の角度を変えることによって高く立てるわけです。

これは足裏の筋肉を使う、甲を出しやすくするときも同じことなのです。

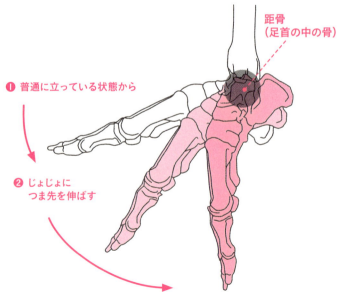

距骨（足首の中の骨）

❶ 普通に立っている状態から

❷ じょじょにつま先を伸ばす

❸ ポワントの状態になる

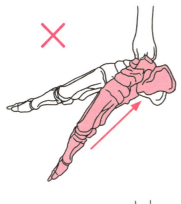

足裏を使いにくい足首の角度

　足首の角度がそれほどでもないときに、足裏にギュッと力を入れても、つま先とかかとの距離は長いままなので足裏の筋肉にあまり力が入りません。結果、指を曲げる力が必要になります。

この程度の角度では、足裏の筋肉が長く使いにくい。よって指が曲がりやすくなります。

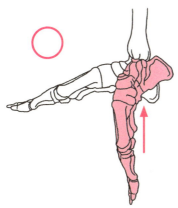

足裏を使いやすい足首の角度

　逆に、足首の角度を深くつけることができると、つま先とかかとの距離が短い状態にもっていけるので、足裏の筋肉に力が入りやすくなります。甲が伸び、指先も伸びます。

角度をしっかりつけると、足裏の筋肉が短くなり力を入れやすい。よって、指を曲げる必要がなくなります。そのぶん、指先が伸びるのです。

足首の角度を深くするには？

　足首を曲げる中心となっているのは、距骨という足首の中の骨です。距骨から使うことで足首は深く曲げることができます。ただ、距骨を意識して動かそうとするのはとても難しい。そこでおすすめしたいのが、2番ポジションでのプリエやロールアップ。2番ポジションでの動きは足首の中を使う動きなので、距骨を動かして足首を使うことができるのです。

2番プリエ＋ロールアップが伸びた つま先を手に入れる鍵

2番ポジションを正しく行うと、腰椎や骨盤を安定させることができます。これらが安定していると、足首の中が動きやすくなります。

特にポワントを履いている方は、2番のロールアップがスムーズにできるようになると、足首が使いやすくなり、つま先を伸ばす、甲を出すことの助けになるはずです。

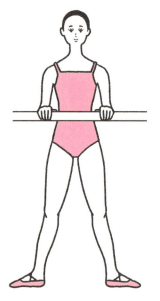

おへその辺りから脚だと思って2番をすると、膝だけでなくつま先も伸びやすくなります。

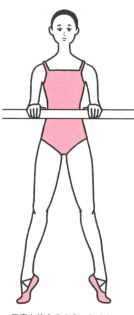

足裏を使えるようになると、膝裏も伸びやすくなります。

なお、足裏を鍛えるためにタオルギャザー（床に敷いたタオルを足の指でたぐり寄せる運動）をすすめられることも多いでしょう。タオルギャザーなり足裏を鍛えるときは、2番ポジションの動きを何度か行った後にすると効果的です。

2章

キレのある動きを作る体幹へのアドバイス

10 軸がブレないように！
……70

11 あばらを締めて！
……72

7 引き上げて！
……54

12 お腹を引っこめて！
……80

8 骨盤を立てて！
……59

9 骨盤はズレないように！
……66

7 | 先生からのアドバイス
引き上げて！

| 関連する
アドバイス | 「背を高く」「天井から吊られているように」
「背中が抜けないように」「あばらは開かないで」 |

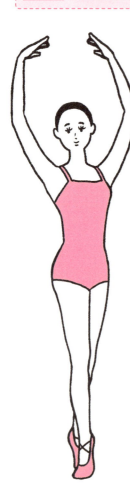

「引き上げて」という先生からの注意は、「ターンアウトして」とツートップというくらい、全国のバレエ教室で毎日叫ばれているのではないでしょうか。

ここではレッスンですぐに実践しやすい2つの方法でアプローチしてみたいと思います。

ひとつ目は、実はあなたがすでに毎回のレッスンでやっていること。アンオーの動きです。

アンオーは、引き上げの練習に最適で、とても役に立つものなのです。ただ、「アンオーならこれまで何度もやっている。でも引き上げが足りない」と注意を受けているとしたら、残念ながらあなたのアンオーはうまくいっていないのかもしれません。

主な原因は、

- 腕を上に持ち上げるだけになってしまっている
- アンオーするときに出っ尻になって、背中の伸びをなくしている

このケースが多いです。

寝ながらアンオーをして背中を ちゃんと使えるようにしよう

試しに、1番ポジションで背中とかかとを壁につけて、アンバーからアンオーしてみてください。

最初の位置より、背中のすき間が広がったらアウトです。アンオーがきちんとできていないと、

・立っている状態をキープするために
　背中を浮かせる
・出っ尻になって前に倒れそうになる

このどちらかになります。正しくアンオーをすることは、けっこう大変なのです。

正しくアンオーをして背中を引き上げる方法は、**仰向けで寝ながらアンオーをする**こと。ここで、4、7、8のリズムで呼吸をすると効果的です。出っ尻や肩が上がることを防いでアンオーをすることができます。背中を使う感覚もわかるでしょう。

〈4・7・8呼吸のやり方〉
❶ 息を吐き切ります
❷ 4秒鼻から息を吸います
❸ 7秒息を止めます
❹ 8秒かけて口から息を吐きます

＊2回繰り返せば背中が使いやすくなるでしょう。

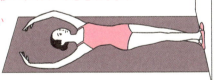

ポイントは、「足のポジションをとりながら行うこと」です。アンオーは背中を伸ばす動きですが、足のポジションによって背中の伸ばす部分が違ってきます。

1番では腰の下あたりを伸ばすことができます。5番では首の付け根のあたりを伸ばすことができます。ポジションをとることで、下からじょじょに背中全体が伸ばせるようになり、背中が引き上がります。

背中が引き上がると、「ルルベアップでふくらはぎが軽い」「膝が曲がりにくい」「アラベスクで脚を持ち上げやすい」といった効果も得られます。

背中の硬さをとって引き上げよう

2つ目は、背中の硬さをとりつつ、引き上げをしやすくする方法です。

デスクワークに従事していたり、スマホを見る時間が多い現代人は肩こりに悩まされることが多いものです。すると、同時に背中も硬くなってしまいます。引き上げというと、肋骨やお腹といった体の前側には注意がいきやすいものですが、背中が硬いと肋骨も動きにくくなり、横隔膜で腹圧を上げることができず、引き上げもしにくくなるのです。

レッスンの中で背中の硬さを取りつつ引き上げることに有効な動きがあります。カンブレです。カンブレは体幹を動かしながら、柔軟性をつけていく動きです。カンブレのとき、「手を見て！」と先生に言われることはありませんか？ そして、「はーい。見てますよ〜」と思っているかもしれません。ここにひとつワナがあります。

背中が硬い人の多くは目線を外すのが早いのです。すると、顔と首が先に動きます。そうなると、肝心の背中は動きません。

手を見続けながらカンブレしよう

原因は顔が先に動いてしまうことにあるので、カンブレでは**手を見続けながら動く**、ということをしっかり行ってみましょう。カンブレは左右前後に行いますが、手を見続けることで背中も体側も伸ばしやすくなるはずです。

NG

うまくいっていないときは、腰やお尻が中心に伸びます。ストレッチができているつもりでも、実は背中にはまったく効いていません。
図のように、後ろカンブレでは、背中が使えていないと、腰から弓なりになってお腹が出たり、肋骨が開いて腕から反るような感じになってしまいます。

カンブレで手を見続けると なぜ背中が伸びるのか

目線が外れると顔が先に動くため、首と肩が動きます。そして、腰が曲がるぶん背中は動きません。

背中が引き上がらない理由は、このような悪循環が原因になっているわけです。

大切なのは、顔が先にいかない、首が先に動かないということです。視線が手を追っていくだけで、頭や首を無駄に動かす必要がなくなります。

カンブレのときは、目線がもう手を追えないというところまで見続けてみてください。

今まで動かしていなかったところが動かせるので、当然、柔軟性も上がります。さらに、肋骨もきちんと動くので横隔膜も動きやすくなって、引き上げがしやすくなるのです。

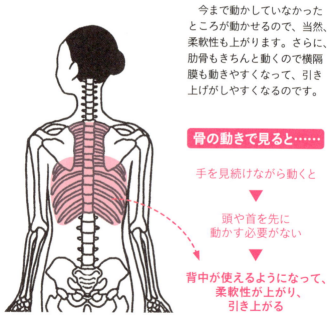

骨の動きで見ると……

手を見続けながら動くと
▼
頭や首を先に 動かす必要がない
▼
背中が使えるようになって、 柔軟性が上がり、 引き上がる

▶引き上げには、P72「あばらを締めて！」P32「膝を伸ばして！」、バレエにおける視線の重要性についてはP113「ポール・ド・ブラの秘密②」も参考に。

8 先生からのアドバイス
骨盤を立てて!

> 関連する アドバイス
> 「お腹が抜けている」「お尻が下がっている」
> 「反り腰になっている」

　バレエに限りませんがあらゆる踊りで骨盤を立てることが大切なわけは、「見た目的にキレイだから」という理由もあるのですが、骨盤を立てることには、踊る上でたくさんのメリットがあるからです。
　バレエでいうと、骨盤が立つことで、

- ターンアウトしやすい（股関節が使いやすい）
- 体幹が支えやすい（背中が引き上げやすい）
- 膝が伸びる
- つま先が伸びる（ポアントで立ちやすい）

　というメリットがあります。いろいろな部分とつながっているのですね。つまり、骨盤を立てることは、踊りが上達する近道でもあるのです。

　逆に、骨盤が立たないと、体が安定しないので、以下のデメリットが生じてしまいます。

- 股関節が硬い（可動域が狭くなる）
- 体幹が支えられない（背中が硬い）
- 膝が曲がる
- 足首が硬い

　ただ、一言で「骨盤を立てる」といっても、どこを立てればいいのかわからないとか、自分ではやっているつもりだけどうまくできていないようだ、と感じる人が多いのも事実です。

仙骨を伸ばす意識を持ってみよう

骨盤というのはひとつの大きな骨の塊ではなく、実際は、腸骨、坐骨、恥骨、仙骨、尾骨の5つのパーツが組み合わさってできています。

股関節は腸骨、坐骨、恥骨が合わさる部分にはまります。

骨盤を立てようとして、タックインや出っ尻になってしまう人というのは、これら全部をまとめて動かそうとしている場合が多いです。実際、骨盤を立てるという表現を使っていますが、プロのバレリーナや骨盤の使い方が上手な人は骨盤全部を動かしているわけではありません。

では、どこを動かすと思えばいいかというと、仙骨という骨盤の後ろ側についた部分です。

仙骨は背骨につながっています。仙骨の角度で背骨の強さ・しなやかさが変わります。この仙骨をストレッチするように使うと、骨盤が立てやすくなるのです。

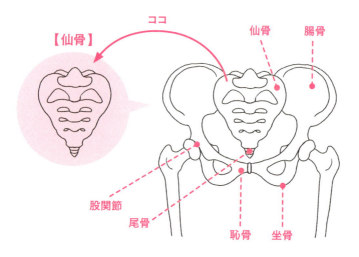

仙骨って伸びるの？

「骨って伸びるの？」と思ったあなたは鋭いです。解剖学を学んでいたりすると、「骨を伸ばす」という表現には違和感を覚えるでしょう。というか、骨は伸びません。骨の周りの筋肉が伸びるのですが、大人から始めた人と子供からバレエを習っている人で大きく違う部分があるのです。それが仙骨の状態。仙骨という骨は、もともと仙椎という骨の５つが合わさってできた骨です。生まれた時から完成しているわけではなく、高校生くらいからくっつきはじめ、大体、28〜34歳でひとつの骨になるといわれています。つまり、子供の頃からバレエを習っている場合は、５つの別々の骨だった頃から無意識に骨盤周りをストレッチしてるのですね。つまり、大人から始めた場合、仙骨を5つに分けて伸ばすくらいのイメージで使わないと必要な筋肉が使えないのです。でも、大人からバレエを始めた方でも大丈夫。仙骨を自然にストレッチしながら骨盤を立てる方法があります。

仙骨を横から見ると……

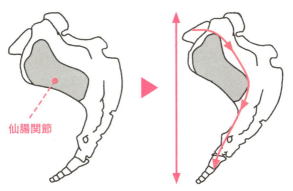

仙骨は、普通は少し前側に傾いていますが、これを右側のように立たせていくことで体を薄くしたまま体幹を支えやすくすることができます。ちなみに、このイラストはイメージで、実際はここまでは動きません。

仙骨をストレッチする方法

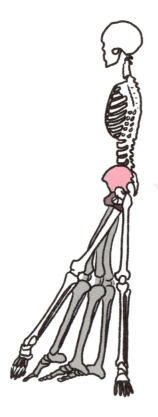

仙骨をストレッチさせるには、仙骨につながるところを使います。具体的には、骨盤の上（腸骨）と骨盤の下側（坐骨）で仙骨をサンドイッチするように力を加えると、仙骨は立ちやすくなります。

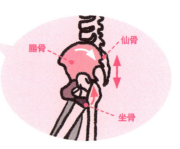

骨盤の上はタックイン、骨盤の下は出っ尻、というイメージで骨盤を立ててみてください。仙骨の角度が変わるので、体を薄くしたまま体幹を支えやすくなります。

とはいえ、上記のようにイメージしても、よくわからない人がほとんどではないでしょうか。あなたがそう思うのも無理はありません。なんと骨盤につながる筋肉は全部で44個もあります。しかも、筋肉がつく位置によって役割が違いますので、一部だけ意識できたとしても、結局骨盤全体で見ると自分がイメージしたような感じにはなりにくいものです。

仙骨を伸ばして骨盤を立てるワーク【その1】

細かい筋肉のことがわからなくても、仙骨を伸ばせる運動があります。まず、寝転がって行う方法からです。

❶ 仰向けに寝転がり、膝を90度に曲げます。足首はフレックスで揃えておきます。

❷ 膝をお腹のほうに寄せる（腸骨がタックインされる）、脚を遠くに伸ばす（坐骨を出っ尻にできる）を交互に何回か行うことで、仙骨を伸ばすことができます。この体勢が難しい場合は、かかとを床につけて、脚を寄せたり、伸ばしたりしても大丈夫です。

骨盤につながる筋肉は、背中から骨盤に、腹筋から骨盤に、広背筋から骨盤に、坐骨から太ももに、と実にたくさんあるのですが、この体勢はそのすべてに働きかけることができます。お腹の奥の腹筋にもアプローチできるので、体幹を鍛えることもできます。

＊顎が上がらないように、脚が動くたびに体幹がブレないようにしてください。

＊脚を動かすとき、首の付け根から脚が生えていると意識して使うとより背中が伸びやすくなります（P27）。

できているか CHECK

体育座りで、4・7・8呼吸（P55）も骨盤を立てる助けになるよ。

運動の最中に仙骨が伸びている実感はなかなか得られないかもしれませんが、実際使いやすくなるものです。たとえば、イラストのようにしっかり膝を抱え込んで背筋をまっすぐ伸ばせる、長座で坐骨を立てて座ることができたら、しっかり坐骨は伸びています。この方法で背中が使える、お腹を薄く使える、ターンアウトしやすい、床がしっかり押せるようになったという感想もいただいています。

仙骨を伸ばして骨盤を立てるワーク【その2】

教室でバーを使って仙骨をストレッチする方法もあります。動き自体はシンプルなものですが、坐骨が立つだけでなく、内転筋や腹筋が働くようになったり、ルルベが高くなったり、レッスン前のよい準備運動になります。

START

バーの前に立ちます。足はパラレル（6番ポジション）で。

バーに寄りかからない、視線は下を見ないようにして

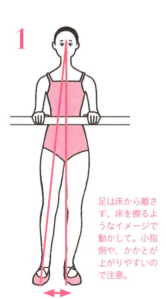

1

足は床から離さず、床を擦るようなイメージで動かして。小指側や、かかとが上がりやすいので注意。

片足を腰幅くらいにスライドしてゆっくり元の位置に戻します。その時、後頭部から脚が生えていると意識して動かしてみましょう。

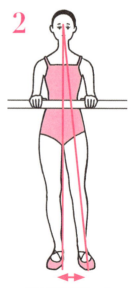

2

反対の足も同様に、スライドしてゆっくり元の位置に戻します。

3

後頭部から脚が生えているとイメージして動き続けましょう。

両足は揃えたまま中腰程度にかがみます。プリエのイメージです。

4

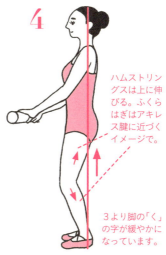

ハムストリングスは上に伸びる。ふくらはぎはアキレス腱に近づくイメージで。

3より脚の「く」の字が緩やかになっています。

3から少し立ち上がり、途中でストップ。

5

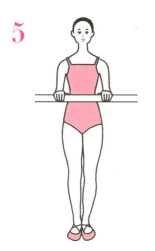

4からゆっくりと5秒くらいかけて立ちあがり、元の位置に戻ります。

できているか CHECK

ルルベをして、バーに頼らずまっすぐ上に伸びたら、仙骨が伸び、骨盤が立っています。ポワントでのバランスもとりやすくなるでしょう。

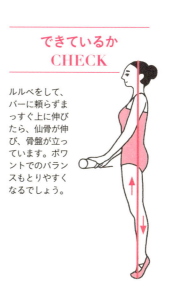

9 | 先生からのアドバイス
骨盤はズレないように！

| 関連する
アドバイス | 「骨盤は平行を保って」「骨盤は動かさない」
「お尻を振らない」「体をねじらない」 |

「ターンアウトは骨盤を水平に！」「パッセは骨盤を傾けない」「動足に骨盤が引っ張られないように」……。バレエではよく「上体の長方形をキープしたままで」と言われます。肩と腰を結ぶ長方形です。ここをズラして動かしてしまうと、体がグニャッとなってポーズが決まりにくくなります。

確かに、骨盤を水平に保つことができると、5番ポジションやパッセ（ルティレ）がビシッと決まってかっこいいですよね。しかし、骨盤を水平に保ったまま脚を開くというのは、骨盤を動かさないようにするイメージになって、大人からバレエを始めた方は特に、腰周りを固めやすいのではないでしょうか。

5番だったり、パッセだったり、それ以外にも骨盤の傾きが気になる、よく注意されるときはどこを注意したらいか見ていきましょう。

骨盤のズレは、片足立ちのバランスにも影響大です。

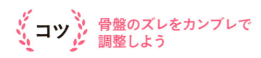

コツ 骨盤のズレをカンブレで調整しよう

　ターンアウトのページ（P14、15）で前述しましたが、1番、2番、4番、5番と、ターンアウトを深くしていくことは、本来、体幹が安定し、股関節を開くサポートになっています。ただ、4番、5番になると片側の骨盤が前にズレて出っ張ったり、ということに悩まされている方は多いものです。これは、カンブレという動きを使って調整が可能です。

5番ポジションで骨盤のズレを確認してみよう！

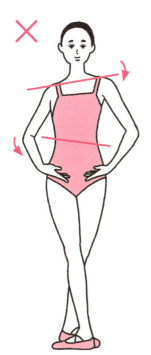

　まず、5番に立ってみましょう。バレエの代名詞的な5番は、非常に難しいポジションです。

　無理にターンアウトして5番で立つと、前足側の骨盤が前に傾いてズレた状態になります。そこから、上半身をねじって正面を向かせることで、5番の形を作っていたりしませんか。

　この体勢は、自然ではありません。骨盤がズレていますから、両足で床をしっかり押せませんし、引き上げようとすればお腹に無駄な力が入ります。背骨も不自然にひねっていますから違和感があるはずで、踊り出すときもぎこちなくなるでしょう。

横のカンブレで骨盤を平行にするワーク

5番で立ったら、無理に上半身を正面に向けたりせず、骨盤がズレたままでOKです。そこからカンブレを使った運動で調整してみましょう。

START

後頭部は頭を上に持ち上げるように。胸骨は下に下げる意識で。

ココに伸びが感じられればOK。腰のほうが伸びている場合は背骨は使えていません。

片方の手で胸骨を、もう片方の手で後頭部を押さえます（左右どちらからでもかまいません）。

1

体を横に倒していきます。横にカンブレをするときのイメージです。倒しながら、息をふーっと吐きます。戻るときに吸います。

2

腕が上がらない、肩が上がってしまうなど腕のぎこちなさを感じる人はP96～97の腕の調整をしてから行うとより効果的です。

3 前足を変えて、同様に左右にカンブレしてみましょう。

4 骨盤が勝手に水平になってきます。

5番ポジションをきれいに作りたい人は、2回繰り返したほうが効果的です。4番ポジションで同様に行っても骨盤の高さがそろってきます。

反対側も同様に。

カンブレは、背筋を使って体を曲げる動きなのですが、背筋を使うと腹圧が上がることが医学的な論文でも証明されています。さらに、体を曲げながら息を吐き、戻るときに息を吸うことで、内臓が持ち上がり、引き上げもできるのです。

解説 ただ体を横に倒しているだけのように見えるかもしれませんが、背骨の性質で横に体を倒すと、本来あるべき方向にねじれが入ります。すると、ズレていた骨盤は正面を向き、背中の筋肉も働き始めるのです。この運動をしておくと、踊っている最中にターンアウトが解けにくくもなります。
　バレエのカンブレは、背骨に備わっている本来の性質を利用して、踊りやすい体にしているのですね。

10 軸がブレないように！

先生からのアドバイス

関連するアドバイス **「体幹を使って」「重心が外側になっている」**

「軸がブレてバランスがとれない」「ピルエットができない」「ルルベでキープできない」……。バレエはつま先や片足立ちで踊ることが多く、軸をとることは上達のためにはかかせないポイントです。ただ、軸をとるというのは難しいものです。軸がブレてしまう原因は無数に存在し、人によって違うからです。一般的なところでは、ターンアウトを見直す、骨盤のズレを見直す、アームスを見直す、上体を見直す、顔をつける……。この本でご紹介していることはすべて、軸をとることに関係しているといっていいほどですし、それらを改善していくことで自然に軸を取りやすい体になるともいえます。

そんな難しい「軸」ですが、普段の生活で注意でき、バレエのレッスンでも生かせるようになるポイントをお伝えしておきたいと思います。

あなたは丹田という言葉を聞いたことがあるかもしれません。丹田とは、東洋医学で体の中心部にあり気を集めるエネルギーポイントといわれます。丹田でいちばん知られているのは、へそ下の丹田でしょう。でも実際丹田は、3つあります。この3つを意識して歩くことで、自然と重心が中心によってきます。

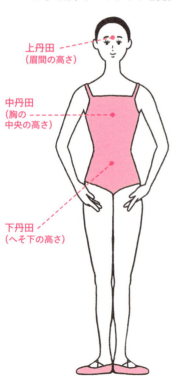

上丹田
（眉間の高さ）

中丹田
（胸の中央の高さ）

下丹田
（へそ下の高さ）

丹田ウォークでブレない軸を作ろう！

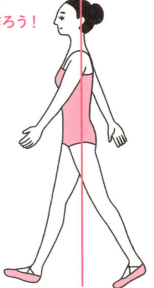

　いきなり3つの丹田を意識するのは難しいと思います。バレエの上達のためには、首の付け根くらいから脚だと思って使うと体の中央を意識しやすいです。そう。もうおわかりですね、P23でご紹介した内ももを使いやすくする方法の応用です。

　意識する場所を変えることで、歩くときに使う筋肉が変わってきます。ちなみに、ポワント上達のためには、頭のてっぺんから脚だと思って歩くようにするとよいでしょう。

体の中心を意識することが難しい方は……

　家などで、P68でご紹介した片手を胸の中央、片手を後頭部という姿勢を作って歩いてみてください。自然と首の付け根あたりに中央の軸が集まりやすくなります。

＼ 丹田ウォークの効果 ／

✦ 軸ができる
✦ 外側体重が治る
✦ 引き上げやすくなる
✦ 骨盤が立つ

11 | 先生からのアドバイス
あばらを締めて！

> 関連する「肋骨が開いている」
> アドバイス「あばらを締めつつ背中は広く」「胸は開かない」

「あばらが開いている」というのは、「胸郭が上を向いた」状態です。ですから、「お腹が出る」「腰を反る」「肩が上がる（肩甲骨が使えない）」といったことも同時に起きやすくなります。でも、「あばらを締めて」とレッスンで注意を受けた時、人によってイメージしていることがだいぶ違ったりするものです。たとえば、

- 腹筋を固めて使う
- 手で横から脇を押さえつけるかんじ
- 肋骨をガバッと開いたり閉じたりすること

と、その人なりのイメージになります。だから、先生に言われた通り肋骨を締めているつもりでも、なんだかぎこちなくてうまく動けない、なんてことになっているかもしれません。

さらに、「あばらは締めて背中は広く」と直されたりしたことはありませんか？　解剖学的にみても、確かにその通りなのですが、上で述べたような状態でこれをやろうとすると、顔や肩が前にいって前重心になり、極端にいえば、イラストのような猫背気味になってしまう人もいたりします。

これは、そもそものあばらを締めるときのイメージがあなたと先生とで違っているからなのです。

あばらを左右から締めるようにしてしまうと、背中が広がるというよりは、背骨が曲がって前肩になったり、顔が前に出てしまうことになりがちです。いわゆる猫背の状態です。

コツ 1 あばらを締めるイメージ法を使ってみよう

　では、あばらを締めるときにどんなイメージをもつといいのか。先生のいう「あばらは締めて背中は広く使う」とはどういうことなのか、レッスン中に使えるイメージ法で説明していきましょう。

　あばらというのは、肋骨のことです。「鳥かごのよう」と言われたりもしますが、前後ひとつにつながっているのはあなたもご存じでしょう。

　ひとつにつながっているのだから、前を締めれば、後ろ(背中側)も締まる。後ろを広げたら、前も広がると思うのが普通です。だから、前は締めて、後ろ側は広くというのは、矛盾しているように感じるのだと思います。

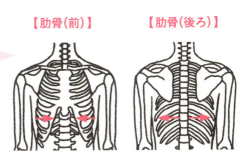

あばらは締めて、背中は広くというと、このような矢印の動きをイメージするかもしれません。肋骨を"締める"というイメージを一度捨ててみましょう。

【肋骨(前)】　【肋骨(後ろ)】

　ここで、肋骨を上から見た断面図をイメージしてみてください。

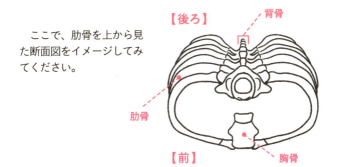

【後ろ】　背骨
肋骨
【前】　胸骨

あばらを締めつつ、背中を広く使うイメージ法

1

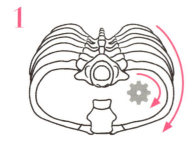

肋骨を上から見ているイメージで、体のなかにネジがあり、内側に締めるイメージをしてみましょう。
そうすると、背中側は外へ、前側（あばら）は内へ力が加わります。

2

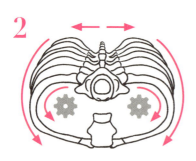

ネジが両方にあると思って行うと、両側から「背中側は外へ、あばらは内側へ」と力が入ります。

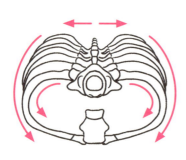

GOAL

結果、背中は広く使えて、あばらは締まるように使えるのです。

あばらを締めるといっても、横からグッと押さえつけたり、お腹を固めたりする必要がないことがわかりましたか？

もしあなたが、あばらが開きやすいなと思ったら、今日から体の中のネジを両側から締めてあげてください。

お腹を固めてしまうことは、一見肋骨を締めているように見えても逆効果なのです。いわゆる腹筋（腹直筋）は、肋骨の前側についています。ここに力を入れても肋骨は下へ引っ張られるだけで、締まることはありません。腹直筋はみぞおちにしまうように持ち上げて使います。

バレエで使いたいお腹の筋肉は、腸腰筋と横隔膜です。まず、ターンアウトをきちんとできるようにすることが、お腹を使える状態にすることにもつながっています。

できているか
CHECK

肋骨が締まっているか確かめたいときは、バットマンやタンデュなど脚を上げたり、伸ばしたりがオススメです。いつもより、脚が上がりやすいと感じたらOK。なぜなら、肋骨やお腹を固めて脚を上げようとすると、前ももをメインに使うことになり、足は一段と重くなって上がりにくくなるためです。

▶P59「骨盤を立てて！」P80「お腹を引っこめて！」も参考に。

コツ2 広背筋を使えるようにしよう

実は、「肋骨が開く」と言っていますが、実際に肋骨が開いているわけではないこともあります。肋骨の位置がよくないので「開いて見える」ということもあるのです。

肋骨は背骨の胸椎という部分にくっついているので、背骨の使い方に問題があるとその影響を受けます。

よく見られる原因は、

- **重心が後ろにある**
- **腹筋と背筋のバランスが悪い**
- **タックイン、もしくは出っ尻**

など。でも、これらをすぐ直せるなら苦労しませんよね。

背骨の使い方で調整しやすいところからアプローチしてみると、肋骨を締めて、背中を広く使うことができるようになります。

まず、背中を使うといった場合、あなたはどこを意識しているでしょうか。先生が使ってほしい「背中」とあなたが使っている「背中」の意識が違う場合があります。

猫背になりやすい人は、骨盤がタックイン（P43）して後ろ重心になりがちです。反対に出っ尻の人は、骨盤が前傾して前重心になりがちです。背中（広背筋）の使い方を見直すと、骨盤も立てやすくなるでしょう。

広背筋を使えていますか？

　バレエで広く使いたい背中とは、広背筋と呼ばれる部分。肩の前側（上腕骨）から背中にいく大きな筋肉です。
　背中でつながっている部分は、

・肩甲骨の下くらいの高さから骨盤までの背骨
・肋骨の下のほう（9〜12番）

になります。肋骨につながっているので、
広背筋を意識すると肋骨の下側を締める
ことができるのです。

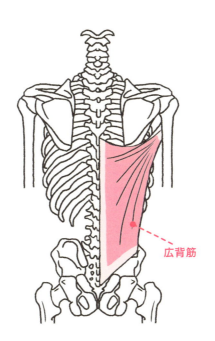

広背筋

広背筋をストレッチするワーク

　広背筋が働いている感覚がそもそもわからないという人も多いでしょう。この運動をしてみると、広背筋が使える感覚に気付けるようになります。広背筋だけでなく、肋骨を締め、骨盤も立てられるようになります。上体が整うので、脚も上げやすくなるでしょう。

START

まず、壁を背にパラレル（6番）で立ちます。背中とかかとをつけて、いつも自分がするようにアンオーしてみてください。

広背筋が使えていないと、背中と壁に大きなすきまができます。肩が上がってしまうことも。そのままスタートしてください。

1

腕を肩の高さに平行に上げ、肘は90度に曲げます。

2

両足は揃えたまま、プリエの要領で脚を曲げます。

3

2の状態から少し膝を伸ばしてストップ。ひざの「く」の字が2よりゆるやかになります。

少しずつ戻してみましょう。前ももをあまり使わなくてよい楽になる位置を探して。

4

ゆっくり7秒くらいかけて膝を伸ばします。

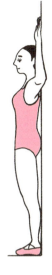

5

1より手を上に伸ばしていきます。肩や肩甲骨のあたりがつっかかるところがあればストップ。2回目はそこからスタートします。

6

2、3、4を繰り返します。

7

STARTと同じように立って、無理なく背中が壁に沿うようになったらOK。個人差はありますが、通常2段階くらいで腕を上げていくと、背中が壁に沿うようになります。

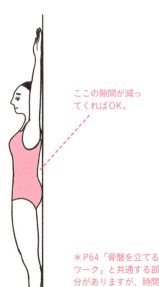

ここの隙間が減ってくればOK。

＊P64「骨盤を立てるワーク」と共通する部分がありますが、時間があるときは、こちらのほうが背中や肋骨も整えることができます。

12 | お腹を引っこめて！

先生からのアドバイス

| 関連する
アドバイス | 「お腹が抜けないように」「引き上げて」
「ウエストを細くして」「お腹が使えていない」 |

　レッスンでうっかりしていると、お腹が抜けてぽっこりしてしまい、先生から「お腹を使って」「お腹は引っこめて」と注意を受けることがあるかもしれません。

　この「お腹を引っこめて」とか「ウエストは細く使う」というのも、人によって言葉から受けとるイメージが違います。

　単語の通りにイメージすると、こんな感じで対策をとる方が多いようです。

・腹筋に力を入れて固める　・息を止める　・腰を反る

　いかがでしょうか？　どれかをやったことがある人は多いのではないでしょうか。しかし、どれもウエストを細くする、お腹を使えるようにするには逆効果です。

　イラストのように、お腹を力で引っ込めてウエストを細くしようとすると、肩が上がって肋骨が開いて見えてしまいます。みぞおちから肋骨の内側には、横隔膜という呼吸のメインで使う筋肉があります。そこに力が入ると呼吸がしづらくなります。横隔膜で呼吸がしづらいと、首から肩にかけてある僧帽筋という呼吸をサポートする筋肉が働き始めますが、いわゆる呼吸が浅い状態となり、肩で呼吸するようになります。おのずと肩も上がって見える……。いろいろなパーツに悪影響が及ぶのです。

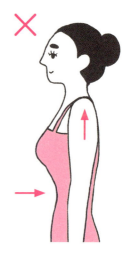

腹筋に力を入れて固めると、肩も上がり、呼吸もしずらくなります。

コツ 他ができていれば、お腹は自然と引っこむ

バレエでお腹を引っこめた状態、つまり、ウエストが細い状態を保つというのは、それに対して特別なアクションをしているわけではなく、引き上げや骨盤を立てるといったことをした結果、おのずと細くなってしまう、というのが正解なのです。お腹は肋骨と骨盤のあいだの腰回りのこと。つまり、肋骨や骨盤の状態で変わるのですね。

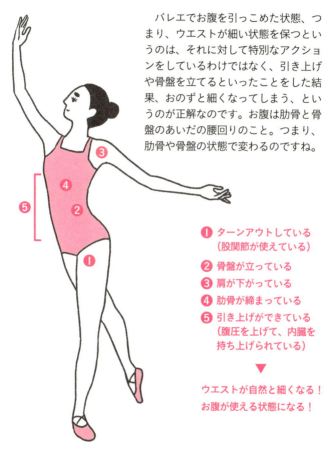

❶ ターンアウトしている
　（股関節が使えている）
❷ 骨盤が立っている
❸ 肩が下がっている
❹ 肋骨が締まっている
❺ 引き上げができている
　（腹圧を上げて、内臓を
　　持ち上げられている）

▼

**ウエストが自然と細くなる！
お腹が使える状態になる！**

　おそらく普段イメージしているウエストを細くする方法とは違うかもしれません。でも、「腹筋に力を入れることではない」ということに気づけたら、それをやめるだけでも、悪循環をストップできますから一歩上達です。そして、上の図の５つの中で、あなたの苦手なところから修正してみましょう。結果的に、ウエストが細くなり、お腹が使える状態になっていきます。

> クイックワーク

コルセット腹筋のツボ押しで体幹強化！

　レッスン前に行うと体幹が使いやすくなるコルセット腹筋の入れ方を紹介します。お腹も体幹の一部です。お腹を使えるようにしたい人にも向いています。

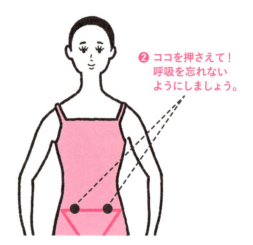

❷ ココを押さえて！呼吸を忘れないようにしましょう。

やり方

❶ 仰向けで寝転がり、膝を立てます。

❷ 骨盤の出っ張りの内側を押さえます。

❸ 押さえながら、4・7・8のリズムで呼吸をしましょう。
①息を吐き切ります。②4秒鼻から息を吸います。③7秒息を止めます。④8秒かけて口から息を吐きます。2、3回呼吸を繰り返しましょう。

○これがきちんとできていれば、その場で足腰の軽さを感じられるでしょう。立ち姿勢も変わります。

○体幹を鍛えるなら毎日3セット行いましょう。

○レッスン前に行うと、腰痛、ひざ痛の予防や、足の疲れの軽減になります。

3章

肩や腕がしなやかに動くようになるためのアドバイス

17 首をもっと伸ばして！
……108

13 肩を下げて！
……84

16 腕を長く使って！
……102

14 肘が下がってる！
……94

15 バーは握らないように！
……98

13 | 先生からのアドバイス
肩を下げて！

関連するアドバイス 「肩が上がっている」「肩が前にきている」

「肩を下げて」「肩が上がっている」。この悩みはとても多くの方からいただきます。原因は一概には言えません。皆さん使いやすいところ、使えていないところの差があるものですが、間違った肩の下げ方をしていると、体のほかの部分によくない影響が出てしまう厄介な部分でもあります。

「肩を下げて」と注意が飛んでくると、文字通り肩や腕に力を入れて一生懸命下に下げようとしているかもしれません。つられて、あばらを開いてしまったり、お腹を固めてしまったり、ということもあるでしょう。これらは、みな余計に肩が上がってしまう原因になります。

この、腕の付け根あたりを引き下げて肩が上がっていないように見せることで、マズイことが2つあります。

❶ 腕の助けがないので引き上げができない
❷ 股関節がゆるんで足の付け根を痛めやすい

アームスは体を引き上げたり、股関節を使いやすくするためのサポートの役目も果たしてくれています。腕を引き下げてしまうと、その腕が使えなくなってしまうのです。本来、腕の助けを借りて引き上げや、脚を高く上げたりするところを脚力だけでやらないといけません。要するに、脚の負担がすごく増えてしまうことにもなります。

ではどうしたらいいか。まず肩が下がらない原因を知りましょう。それは大きく3つです。

❶ 肩や腕の付け根を下に下げようとする
❷ 肋骨を締めるときに、みぞおちに力を入れている
❸ 肩甲骨が外側にズレる

これらの原因を理解するだけでも、あなたの体の使い方は進歩するでしょう。

原因 1 肩を下げる位置を誤解している!

そもそも「肩下げ」という言葉そのものが、誤解を生じさせ、誤った体の使い方をする原因のひとつになってしまっています。

肩を下げるというと、図の矢印のように肩や腕の付け根を下げるイメージがあるかもしれません。

でも、バレエで肩を下げるというのは、腕の付け根を下げることではありません。「肩を下げて」といわれたときのイメージを、次のように考えてみてください。肩甲骨の内側を下げること。

腕の付け根を下げて肩を下げてしまうと、腕は重いまま、踊りづらいし、股関節も使いづらくなってしまいます。肩甲骨の内側を下げると、背中から腕を支えることができますから、腕は軽くなります。おまけに脚も軽くなります。まず、このイメージの修正をしてみてくださいね。

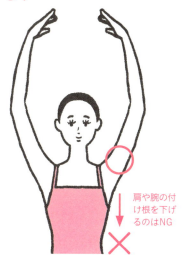

肩や腕の付け根を下げるのはNG

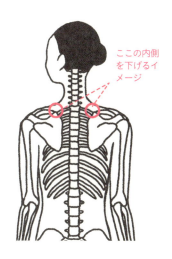

ここの内側を下げるイメージ

原因 2　みぞおちやお腹、肋骨を固めている

脇を固めようとすると、前肩や猫背の原因に。肩がすくんで上がって見えます。

みぞおちやお腹に力を入れると、胸が開き、肩が上がります。呼吸もしにくくなります。

「肋骨（あばら）を締めて」と注意を受けたとき、みぞおちに力を入れたり、肋骨を両脇からグッと締めるようにしたり、お腹を固めたりしていませんか？　実は、これらも全部肩が上がる原因になります。

「肩は下げて、でも肋骨は開かないで」とか、「肋骨は締めて、でも肩は上げないで」などとレッスンでアドバイスをされる人もいるでしょう。

こうなってくると、一体どっちをどうすればいいのか、混乱しているかもしれません。でもそれは、みぞおちやお腹を固めてしまうと肩が上がるという背景があるからなのです。

まず、肋骨を締めるとき、肋骨をギュッと締め付けたり、みぞおちやお腹を固めてしまう人はそれをやめることです。それをしたところで、肋骨も締まりませんし、肩も下がりませんから、いいことはありません。

▶P72「あばらを締めて！」のコツも参考にしてください。

原因 3 背中や肩が凝っていて、肩甲骨がズレている！

　原因1で、肩を下げるには、肩甲骨の内側を下げるとよいとお伝えしました。しかし、背中の筋肉、とくに肩甲骨の周りは凝りやすいものです。それが障害になっている場合もります。

　肩甲骨は背中の筋肉（菱形筋）と脇の筋肉（前鋸筋）でバランスをとって、丁度よい位置におさまっています。

　菱形筋は、肩甲骨回りの筋肉で、肩甲骨を背中側に引っ張ることによって、腕を後ろに動かしやすくしている筋肉です。

　一方、脇にある前鋸筋は、腕を前、横、上に動かしやすくしています。この2つがバランスよく引っ張り合うことで肩甲骨はちょうどよい位置にいることができます。この2つの筋肉がバランスよく働くことで腕が長く使えたり、肩が下がりやすかったり、踊っているときに体幹やバランスが安定するのです。

　ただ、この背中の筋肉、菱形筋は、いわゆる肩コリになる部分であり、凝りやすい。さらに、菱形筋が凝って弱ってきたとしても、腕は始終たくさん使うので、脇の筋肉（前鋸筋）がその

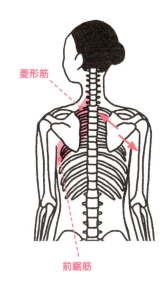

菱形筋
前鋸筋

ぶん働くこととなり、硬くなります。そうなると、肩甲骨が外に引っ張られてズレていき、いわゆる「前肩」になるのです。

　肩甲骨が外にズレた状態で、アンオーや手を上げようとすると、本来ある位置に比べ可動域がとても狭くなり、肩が引っかかって痛みが出たりします。その結果、肩を下げたくても下げられなくなってしまうのです。

肩下げしやすくなる３つのコツ

ここまで、肩が下がりにくい原因を３つに分けてお伝えしてきました。イメージの違いだったり、無意識に力が入ったり、そもそも筋肉が硬くなって下げづらいなど、タイプは分かれますが、そこまで意識して踊るのは難しいですよね。そのために紹介するのが、タイプに関係なく、肩下げしやすくなる３つのコツです。

- コツ1　腕を鎖骨の付け根から使って、肩が途中で引っかからないようにする
- コツ2　親指はしまい、手指は伸ばして美しく使おう
- コツ3　腕のアンドゥオールを使って、レッスン前に肩を下げやすい状態にする

コツ1　腕を鎖骨の付け根から使って、肩が途中で引っかからないようにする

鎖骨を支点にして腕を使うことで、それぞれの関節がスムーズに動きます。途中で肩が引っかからないので、肩甲骨も動きやすいし、腕を軽く使うことができます。

「腕を、鎖骨の付け根からなんてイメージできない」と思ったら、片方の手で鎖骨の付け根を押さえながら、腕を動かしてみるのがポイント。押さえないときとの腕の軽さが違います。特に、手を横に開いて（アラスゴンド）から、上に上げる（アンオー）ときにやってみると、違いがわかりやすいです。

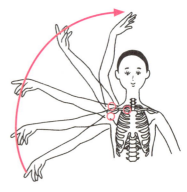

腕は、胸骨と鎖骨、鎖骨と肩甲骨、肩甲骨と上腕骨の連動で使います。

コツ 2 親指はしまい、手指は伸ばして美しく使おう

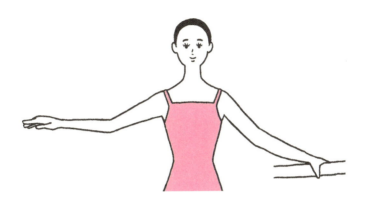

　指が伸びていることと、肩が下がることは一見無関係のような感じがするかもしれません。この「指が伸びていること」というのは、バレエの手の形がきちんとできている、ということです。

　バレエの手の形は飾りではなくて機能的な意味があります。
　指を伸ばして使うことで連動が働きます。この連動は、アームスを安定させて肩をきちんと体幹にはめて使いやすくします。さらに、脇が使いやすくなるので肋骨を締めることができるのです。

　手の形はどうしても、おざなりになりがちです。そこまで神経を回す余裕がないと思っている人もいるかもしれませんが、バレエ歴が短い人ほど、指先まで伸ばして使うようにすることで体が使いやすくなると考えてみましょう。

　手の形は親指をしまって使うことがポイントです。教室によって「親指を出さないで」と注意されたり、「手（の指）がキレイじゃない」というふうに注意されることもあるでしょう。先生によって表現は違いますが、本質的な部分では同じことを言っています。

親指のどの部分をしまうといいの？

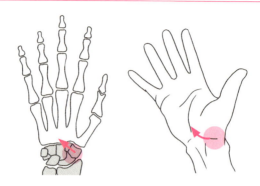

　この「親指をしまう」という動き、具体的にどのあたりを動かせばいいのかというと、イラストの赤丸がついている部分を動かします。親指というよりは手首に近い部分です。

　この辺りを手のひらの中心に寄せるように動かすと、バレエに適した形で親指をしまうことができます。

指は伸ばして美しく使おう

　親指は手首に近いくらいのところからしまいます。

　指を伸ばすことで脇が使いやすくなり、肋骨の開きがおさまります。プラス、アームスが安定するので腕の付け根で頑張るぶんが減り、肩は下げやすくなります。

親指を折り曲げたり、数字「4」のようにしません

　親指の付け根を折って、数字の「4」を示すようにしてしまうと、手首の付け根の部分から親指をしまう筋肉とは効くところが違うため、肩甲骨は寄りません。

　また、指先を伸ばすといっても、力を入れて張り詰めるようにすると、腕にも力が入ってしまいます。指は伸ばしますが、力はこめません。よく言われますが、「指先から水が流れる」ような自然な形が理想です。

なぜ親指をしまうと
肩が下がるのか？

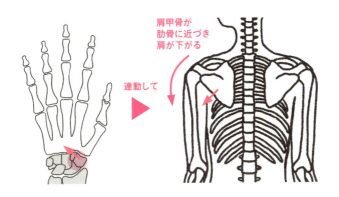

　解剖学的に説明すると、親指の付け根にある手首の骨、手根骨と呼ばれるものの一つなのですが、この骨が筋肉などに引っ張られて手首の中心に寄ると、連動して肩甲骨が背骨に近づきます。もう少し、具体的にいうと肩甲骨と肋骨が密着するようになります。そのおかげで肩甲骨をいい位置で動かすことができるので、肩が上がりにくくなるのです。

　ちなみに、「前肩になってるね」というふうに言われた場合、それは肩関節そのものが前にきているというよりは、肩甲骨が肋骨をズルっと滑って前にきてしまって、つられて肩も前にきてしまった状態をいいます。
　肩甲骨は肋骨の上を滑って動くものなのです。だから、肩甲骨が肋骨から離れてしまうと前に行ってしまいます。それでいわゆる前肩になるのです。
　親指をしまうことで連動が働くと、肩甲骨が肋骨に近づくので前肩を防ぐこともできます。

コツ3 腕のアンドゥオールを使って、レッスン前に肩を下げやすい状態にする

アンドゥオール(ターンアウト)は、脚のイメージが強いと思います。これを腕でも応用して、肩を下げやすい状態に調整することができます。自然と肩が下がりやすい状態でレッスンをスタートすることができます。

❶ 腕を内側にひねってから、外側にひねって脇を絞った状態にする

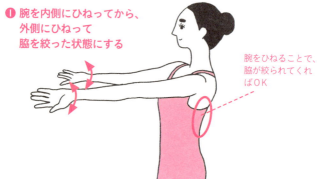

腕をひねることで、脇が絞られてくればOK

❷ 脇が絞られた状態で、肩甲骨を押さえる

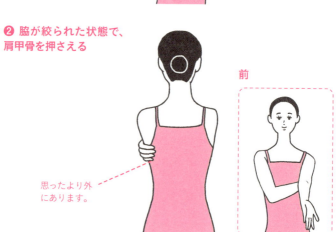

思ったより外にあります。

前

❸ 押さえた肩甲骨と反対を向く。

たとえば、左の肩甲骨を押さえたら右を向きます。あごを押さえて抵抗をかけながら、反対を向きましょう。このときの向き方は、ピルエットで顔をつける（首を伸ばし、傾かない）ようにやると効果が上がります。

❹ 腕をターンアウトして大きく回す。

肩甲骨が押さえられているほうの手を外側にひねって、後ろに回していきます。いきなり大きく回すと肩が引っかかるので、前・横・上と小さく回してから少しずつ大きく回してください。

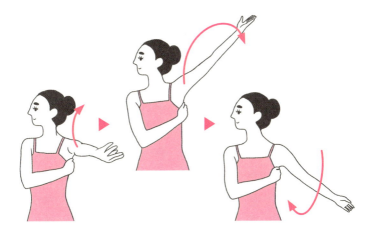

腕を回すスピードは、ロンデ・ジャンブくらいが理想です。
最初は回しづらいので、体の前で回してじょじょに大きくしていきます。

14 | 先生からのアドバイス
肘が下がってる！

> 関連する アドバイス　「肘を張って」「脇を使って」「二の腕を張って」「腕を遠くに引っ張り合って」「背中を引き上げて」

第3章

　フロアで踊るときも、バーレッスンのときも、脚の動きに夢中になっていると、肘が下がってきてしまい、先生から注意を受けることがあるかもしれません。
　実は、この肘の位置ひとつが、踊りのパフォーマンスアップにだいぶ影響します。

肘が下がるデメリット

　肘が下がる（落ちる）ことで関連するパーツが影響を受けます。
たとえば、

・前肩になる
・肩が上がる
・あばらが開く
・骨盤が立たない
・背中が硬い
・あごが上がる

という状態になりやすくなるのです。
こうなると、

・**体幹がキープできない（スクエアを保てない）ので、バランスが取りづらい**
・**脚力だけで脚を上げるので脚が重い（前ももを使う）**

といった影響を受けるので、脚の振り付けそのものもやりにくい、ということになります。

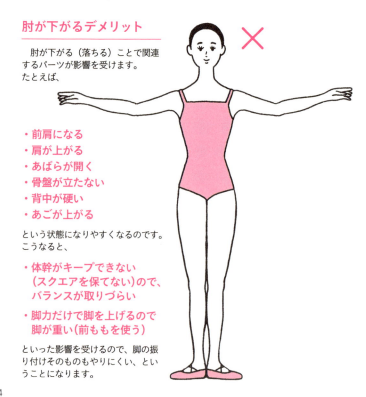

94

肘が下がることの相関図

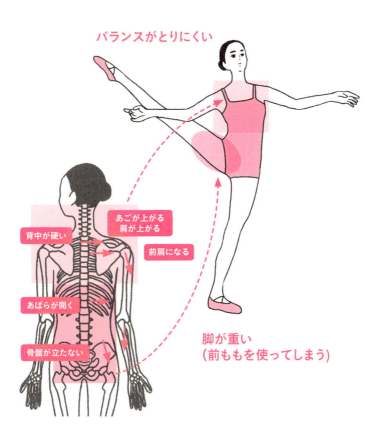

 このように、肘が下がっていることで受けるデメリットは、フロアで踊るときこそ邪魔になるのです。
 ただ、肘が下がることを阻止できれば、これらのデメリットが揃って改善されるともいえます。

肘の張りをあらかじめ作るワーク

パソコンを使うことが多かったり、重たいバッグをかついで学校や会社に行っているとしたら、レッスンでいきなり肘を張っていられる体でいることは難しいでしょう。

あらかじめレッスンの前に、肘を張りやすくする体の調整をしておきましょう。

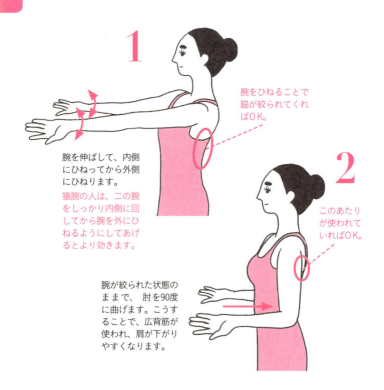

1

腕をひねることで脇が絞られてくればOK。

腕を伸ばして、内側にひねってから外側にひねります。
猿腕の人は、二の腕をしっかり内側に回してから腕を外にひねるようにしてあげるとより効きます。

2

このあたりが使われていればOK。

腕が絞られた状態のままで、肘を90度に曲げます。こうすることで、広背筋が使われ、肩が下がりやすくなります。

3

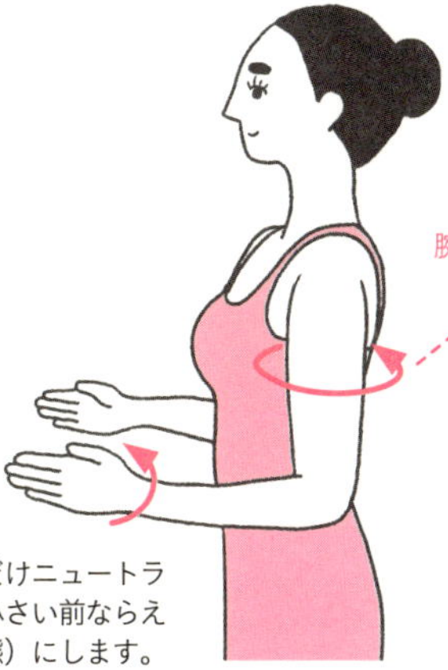

腕は外に開かれたままに。

手首だけニュートラル（小さい前ならえの状態）にします。

4

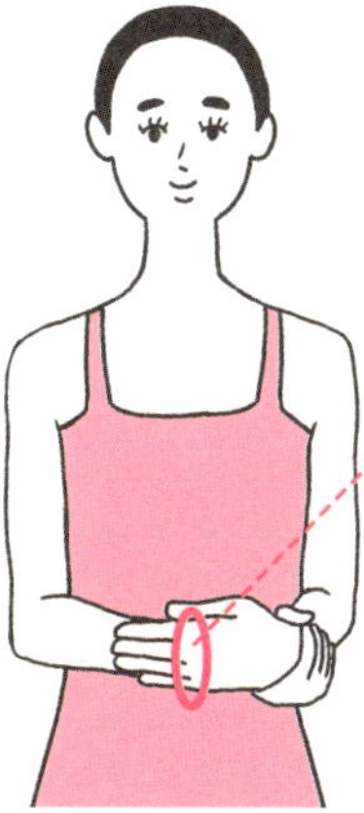

指の根元を曲げたり伸ばしたりする筋肉は肘からスタートしますから、指の根元を意識して曲げると効果的。

片方の手首を押さえて、手を内側に曲げます。5秒くらいキープ。同時に息を吐き切りましょう。

5

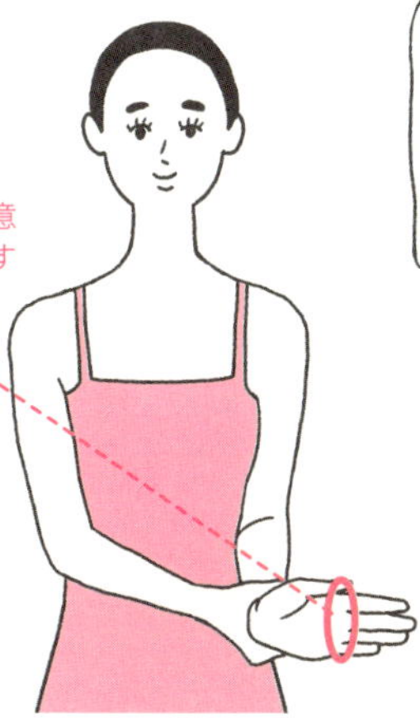

指の根元を意識して伸ばすと効果的。

手を外側にも曲げましょう。こちらも5秒くらいキープします。こちらも息を吐き切りましょう。

6 反対の手でも、4、5を行いましょう。

この方法は、肘を張りやすくするだけでなく、肩を下げる、背中から腕を使いやすくする、引き上げるといったことにも有効です。

15 | 先生からのアドバイス
バーは握らないように！

> 関連する　「脇を張って」「バーに寄りかからない」
> アドバイス　「バーでもアームスは張るように」
> 　　　　　　「バーでも肘は落とさない」

バレエのレッスンはバーレッスンからスタートします。ここでバレエを踊れる体に整えていきます。

フロアに対してバーレッスンは準備運動のように思えますよね？でも、ここでその日の体の柔らかさや足裏を使える感じ、つまり踊る際のコンディションがほぼ決まってしまいます。

たとえば、体が硬い、足裏がつりやすいという人は、「バーをしっかりつかんでいる」という共通点があったりします。

バーをつかんでしまうと、極端に言えばバーレッスンが終わる頃には、足裏は使えないし、股関節周りも硬いままという間違った体に整えられてしまうのです。

「バーは手を添えるように持って」。おそらく先生からこう言われていると思います。これには理由があります。

手を添えるようにバーを持つと、指は伸ばさざるをえません。でも、このほうが構造的にバレエで必要な体に整いやすくなるのです。

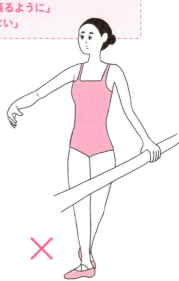

手と足は連動しています。人間の場合、手と足は別物みたいに思っていますが、もともと四本足の頃は前足と後ろ足です。手の力の入れ具合は足にも同じように伝わります。

つまり、

バーをつかむ（手指を曲げる）
＝足の指を曲げる

バーに手を添える
（手のひらでつかむ）
＝足裏を使う、足指が伸びる

状態になるのです。

コツ　指の付け根を バーから離さないようにしてみよう

　そこに注意してバーレッスンをするだけでも、足裏を使う感じ、脇を引き上げて肘を張ることや、力を入れずに体を柔らかく使う感覚が自然と身についていきます。

指の付け根をバーに 乗せるようなイメージで

　フロアでバレエの手の形を作ったそのままの形で手をバーにのせるようなイメージです。指を曲げてつかみません。

POINT
指の付け根部分が、バーから離れないようにしましょう。

　指の付け根がバーから離れないように使うと、肘を張ることができ、脇を使う感覚がわかるはず。あばらが閉じて股関節も開きやすくなります。軸も保ちやすくなるでしょう。

ここに空間が できるとNG。

指の付け根が浮くと肘は下がる

　肘が落ちてきたりすると、構造上、手の平は浮いてくるものです。すると、不安定になりますから、反射的にぎゅっとバーを握り直してしまいます。結果、体に無駄な力が入り、体全体のバランスがおかしくなってしまうのです。指の付け根がバーから離れないように意識できれば最高ですが、なかなか難しいと思います。そこでP96、97でお伝えした肘の張りを作るワークをやってからバーに臨むようにしてください。手の使いやすさが変わります。

　プリエのときも、指の付け根はバーから離さないように。肘が極端に下がったりせず、脇を使いながら体を下に下げていくことがしやすくなります。

なぜ指の付け根でバーを持つと脇が使えるようになるの？

指の付け根、坐骨、足のかかとは連動しています。

指の付け根を使ってバーを押すことで、床が押しやすくなります。

床が押せると、骨盤が立って肩甲骨が安定するので脇が使えるようになるのです。

このような連動を覚えなくてもいいのですが、バーレッスンで指の付け根を押して使うという感覚が身につくと、フロアでも脇を使って肘を張ることが自然にできるようになりますし、足裏も使いやすくなるのです。

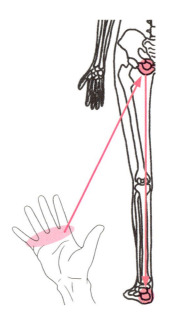

裏技

よく、バレエ雑誌などで、足指を曲げず、足の裏だけでスーパーボールをつかむ練習が掲載されているのをご存知でしょうか。主に足裏の筋肉を鍛えるために紹介されていますが、同様に、手のひらだけでスーパーボールや卓球のボールなどをつかむ練習をすると、足裏が使いやすくなります。おまけに指の付け根を使う感覚がわかり、肘や脇を自然に張ることもできますよ。

家にバーがなくてもOK。
傘でバーの持ち方レッスンにチャレンジ！

　誰もが1本は持っているであろう傘を使うことでバーの正しい持ち方のレッスンができます。家にバーがある人ばかりではないでしょうから、これはとても便利ですね。

傘は斜め前に持つようにします。
傘を杖にしながら、傘と両足の3点で立つようにします。
傘には寄りかからないようにしてください。

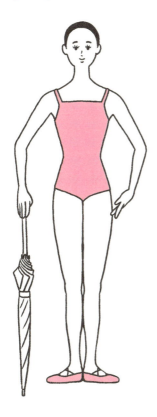

　すると、傘を持っているほうの脇に力がはいる感じがあります。

　バーでこの持ち方をすれば、脇が引き上がって、肩が下がります。ついでに肘から二の腕もきちんと張ります。この状態でプリエやルルベをすると、引き上がっているぶん、体が軽く使えるのです。

　こんなふうに傘を杖代わりにして立つようにするだけで脇は意識しやすくなります。

　脇を引き上げて肩を下げたいのなら、指の付け根を使って押す習慣をつけましょう。

　慣れてきたら、傘2本を斜め前に持ってプリエしてみると、家でもバーレッスンふうにプリエをしたり、軸を鍛えるレッスンができます（床を傷つけないようにタオルを敷いてくださいね）。

16 | 腕を長く使って！

\先生からのアドバイス/

> 関連する　「背中から腕を使って」「脇をもっと使って」
> アドバイス　「背中と脇をセパレートして」
> 　　　　　　「あばら閉じて」「肩を下げて」

　バレエでは美しい腕の動き（ポール・ド・ブラ）がとても重要視されます。でも、「白鳥の羽の動きで、腕をしなやかに使うことができない」「手の振付がまるで盆踊りをしているよう……」なんて思っているかもしれません。

　腕がうまく使えない原因は複数あります。ここまで説明してきた、「肩が上がってしまう」「肘が下がってしまう」というのはわかりやすい原因でしょう。

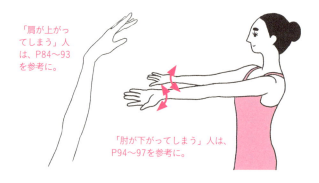

「肩が上がってしまう」人は、P84〜93を参考に。

「肘が下がってしまう」人は、P94〜97を参考に。

　該当ページのコツはぜひ試してみましょう。これができると、腕の状態はかなり改善されるはずです。

　ただ、腕を動かし始めてしばらくすると、やっぱり肩が上がったり、肘が下がったり、腕の動き全体がぎこちなくなってしまうということもあるかもしれません。

　それは、腕だけでなんとかしようとすることが問題だったりします。踊りの中で、腕を長く、柔らかく動かしたいなら、**背中の使い方**に注目してください。

背中で腕を支えて、腕を使おう

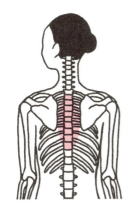

「腕を長く使って」と同じ意味で、「背中から腕を使って」と先生から注意を受けることがあるかもしれません。そのとき、多くの人が腕の付け根あたりや、肩甲骨を外に広げることで、背中から使っているつもりになっています。実は、それだと腕そのものに力が入ってしまって滑らかに動かすことができません。「腕を横に広げて持ち上げ続けているのだから、力が入って当たり前じゃない！」と思いますよね？

バレエで「背中から腕を使って」というときに意識したい背中の部分は、肩甲骨と肩甲骨の間なのです。ここから腕を使えるようになると、腕を持ち上げ続ける、つまり背中で腕を支えることができます。そのぶん腕は、軽くなり、滑らかに動かすことができるようになるのです。

背中が腕をちゃんと支えているかCHECK

腕が滑らかに動くためには肩甲骨と肩甲骨の間からといっても、その感覚が自分でわからないと直しようがないですよね。

仰向けに寝転がって手を横に広げる「アラスゴンド」にしてみましょう。

背中がきちんと腕を支えていれば、腕が横にグーっと伸びます。腕だけでやっていれば、腕の付け根が重くてとてもできません。

まずはそこから修正してみてください。仰向けのアラスゴンドできっちり伸ばせるなら、実際に立って踊るときも背中が使えるようになります。

腕を肩甲骨と肩甲骨の間から使うためのストレッチ

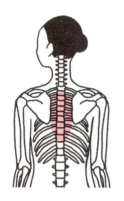

　肩甲骨と肩甲骨の間が使えるようになるとよいといっても、この部分はとても凝りやすく、肩甲骨の高さくらいから背中の下にかけてモコッと凝っている部分があったりします。利き手側に多いです。この辺に凝りがあると、肩を使ってしまい背中が働きません。手を長く使おうとすると、肩が上がってしまいます。
　ストレッチポールを使った運動をご紹介しましょう。

手を背中から使うためのストレッチポール活用法

1 ストレッチポールの上に仰向けで縦に乗ります。

2 手を上に伸ばして、体を揺らします。

腕はだらっと力を抜いて。ここで左右差を感じると思います。背中から使えていない腕は伸ばしにくいです。この状態で1分ほど体を左右に揺らします。だんだん左右差がなくなって上に伸ばしやすくなります。

3 次に、手を２番ポジションのように横に伸ばし、体を揺らします。

腕はだらっと力を抜いて。ここでも左右差を感じると思います。２同様、伸ばしにくい側の腕は背中から使えていません。この状態で１分ほど体を左右に揺らします。だんだん左右差がなくなって横にも伸ばしやすくなります。

4 ２、３を２セット行いましょう。

　５分くらい２、３をくり返していると、腕から背中を使えるようになり、肩が上がらなくなってきます。コリが強い人は毎日やってみましょう。
「腕を背中から使って」というと、「腕」をなんとかしようとしがちです。しかし、やってみるとわかると思いますが、背中をきちんとした方法でほぐすだけで肩が下がり、腕が使いやすくなります。背中や胸などの体幹が使えれば、腕は自然と遠くに伸ばして使えるのですね。
　腕のポジションで「どうしても肩が上がるな」「肩が前にくるな」と思うときは、P88〜93の肩下げしやすくなる３つのコツも試してみてください。

クイックワーク

腕が縦に伸びないなら「足」、横に伸びないなら「手」の疲れをとってみよう

　前ページと関連しますが、仰向けに寝てアンオーのように腕を上に伸ばしたときに脇が引っかかる感じがしてやりにくい人と、横に広げてキープするほうが辛いという人がいます。両方やりにくいという方もいるかもしれませんね。

　上に伸ばしにくいタイプの人は、脇が固くなっているのですが、その原因は足の疲れからきていることもあります。

　一方、横に広げにくいタイプの人は、肩でなんとかしようとしていて、その原因は手の疲れからきていたりすることもあります。両方ともやりにくい人は、手足が両方とも疲れていそうです。

腕を上に伸ばしにくい…足をほぐして疲れをとろう

　まず、なぜ腕を上にあげにくいと足が疲れているのか。おそらくあなたにはこんな症状がありませんか？

- すねやふくらはぎの外側がだるい、張っている
- 外側体重の傾向がある
- 土踏まずがつぶれやすい、親指が痛い

　これらの症状があると、重心が外にズレて体の外側が張りやすくなります。その結果として、

足の疲れ（重心外側にズレる）
▼
外側が張って脇がつっかえる
▼

背中が使えず、アンオーがしづらい

　といった流れになります。腕が縦に伸びないときは、まず足の疲れをとることが肝要なのです。

✦ 足の疲れをとるポイント

足の疲れは足の裏の小指側❶、足の甲の小指と薬指の間❷、土踏まずの内くるぶしの下❸にポイントがあります。ここをほぐすようにしてみましょう。

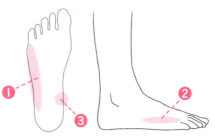

腕が横に広げにくい…手をほぐして疲れをとろう

仰向けで腕の２番ポジションをとるのが苦手な人は、肩の付け根に力が入って、腕が持っていかれる感が強いと思います。これは、肩が上がっているサインです。

仕事などで細かい作業が多い人、普段デスクワークをしている人に多いケースです。手首の疲れ、手の使いすぎが原因です。

手を使うときは肩（肩甲骨）の動きを止めていないと作業ができない
▼
肩（肩甲骨）の動きを止めておくのは肩甲骨と背骨の間の筋肉
▼
作業している間ずっと硬まっていて疲労がたまる
▼
腕を横に伸ばしたときに肩甲骨が外側にズレてしまい、腕が背中から使えない

といった流れになります。腕が横に伸びないときは、手首の疲れをとって肩甲骨周りの筋肉を回復させてあげないといけないのですね。

✦ 手の疲れをとるポイント

手の疲れは手首の真ん中（表裏両方）から肘にかけて凝っているところをほぐしてみてください。

> 余計な疲労をとることでも背中が使いやすくなり、腕が長く使えるようになりますよ。

17 ＼先生からのアドバイス／
首をもっと伸ばして！

> 関連する アドバイス
> 「首が前に出ている」「顔が前に出ている」
> 「首を長く保って」

　長い首は、バレエを踊る上で欠かせない要素です。
「でも私はもともと首が短いし」「それって骨の問題じゃないの？」
というあなた。これは9割が勘違いです。
　レントゲンで、首の骨（頚椎）が短いという異常がみられる人は10％弱。それ以外の人は、頚椎に異常はありません。つまり、9割近い人は首が短い原因が別にあります。
　その中で多く見られるのは、肩甲骨の位置がおかしいこと。首の緊張で肩（肩甲骨）が上がっているのです。
　肩甲骨の位置が高いと、顔と肩までの距離が短くなります。
　それで首が短く見えるのですね。これは、鏡の前で肩をすくめればすぐ再現できます。

　肩甲骨の位置がおかしくなる原因には、

- 緊張で肩がすくむ　・猫背で肩（肩甲骨）が前にくる
- 座り姿勢が悪い　・側弯症

などがあります。これらの原因で、肩甲骨の位置が上や前にズレた結果、首が短く見えます。逆に、肩甲骨の位置を正しく直せば、首は長く見えるようになるのです。
　肩が上がっているということですから、すでにお伝えした「肩下げしやすくなる3つのコツ」(P88)は、首を長く使うコツでもあります。

肩を下げると首が長く使えます
〜肩下げのまとめ〜

❶ 腕を鎖骨の付け根から使う (P88)

❷ 親指をしまって指を伸ばして使う (P89)

❸ 腕のアンドゥオールを使う (P92)

コツ1 腕の位置を直して、首を長く使おう

　首や顔が前に出てしまうという人も、そのせいで首が短く見えます。さらに肩が上がっていることも多いでしょう。そして、レッスンで「首が前にいってる」と言われると、胸をはったり、背中を反って首を後ろに引いて直そうとする人が多いと思います。すると、困ったことに、頭が後ろにいきすぎて、反り腰や、後ろ重心になるなんてことに。これは直し方が違うのです。

　実は、首が前にきてしまうのは、腕の位置が原因です。デスクワークや読書、編み物、スマホなどをずっとやっていると、前かがみになり、自然と首が前にいって猫背になりやすいものです。これらの作業では、腕が全体的に内旋するので、腕が内向きにねじれた状態になります。まず、そこから直しましょう。

　対策は腕の内向きのねじれを直すことです。「肘が下がってる！」のワーク（P96）でお伝えした脇を絞って上半身を整える運動がとても効果的です。

腕が内旋していると、首から背中の上部にかけて前に曲がりやすくなり、後ろに反りづらくなります。

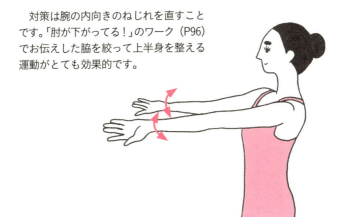

大人バレリーナさんたちは、デスクワークが終わった後にレッスンに通ったりすることも多いでしょう。長時間のデスクワークをこなした体は肩や背中が硬くなっていたり、骨盤がズレていたり、踊りにくさ満載のはずです。

　できれば日常で、この上半身の調整を行ってから、デスクワークをするようにすると、肩が下がって肩甲骨が自然と寄ります（わざと寄せるのはダメですが、脇が絞られた結果、自然に寄るのはOKです）。脇も絞られて、背中にグッと入りこむ感じがあります。この背中の感覚を残したまま、デスクワークをすると首は前にいきません。

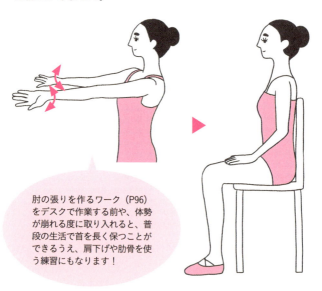

肘の張りを作るワーク（P96）をデスクで作業する前や、体勢が崩れる度に取り入れると、普段の生活で首を長く保つことができるうえ、肩下げや肋骨を使う練習にもなります！

　この方法は、上半身が整うので、ターンアウトや高いルルベ、甲出しもしやすくなります。つまり、普段のデスクワークがバレエの練習になるのです。これが習慣になって慣れるまで違和感があるかもしれません。でも、肩コリも減るし、首が前に行くことも防げるし、ターンアウトまでやりやすくなる……とてもお得な方法です。

コツ2 距離感を意識すると、首は長くなる

バレエのレッスンで肩甲骨の位置を直すなら、ポール・ド・ブラの精度を高めることで、首を長く使えるようになります。

まずは、ポール・ド・ブラをするとき、肩甲骨の位置（顔と肩の距離）にいつもより注意を払いましょう。

ポイントは、**「頑張らない」**ことです。

頑張ってしまうと力みや緊張で肩がすくむので、肩が上がり、首が短くなります。

「ふ〜ん。私の顔と肩は今はこれくらいの距離なんだな〜」と思いながらやるだけで十分です。「距離を意識するだけなんて効果ないんじゃないの？」と心配かもしれません。でも大丈夫です。

人間は、いったん目につきだしたことは直さないと気がすまないという性質があります。顔と肩の距離を意識し続けているうちに、気になって自然と修正するようになります。

結果として、首が長くなります（肩甲骨が下がって長く使えるようになります）。

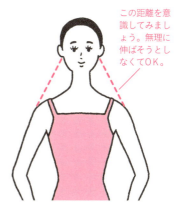

この距離を意識してみましょう。無理に伸ばそうとしなくてOK。

顔と肩の距離、気にしてみてください。長い首へのスタートです。

ふくらはぎが硬いのは首が前にきているせい!?

ふくらはぎやアキレス腱が硬くてケアしても一向に効き目なしという人は、日頃から首が前にいっている可能性大です。

猫背などで首が前にいくと重心も前にズレます。前に重心がズレると体は前のめりになって倒れやすくなりますから足は踏ん張り続けます。そのためにふくらはぎやアキレス腱が硬くなってしまうのです。この場合、首の位置を直さないかぎり、ふくらはぎや足首のケアをしても硬さは取れません。注意してみてくださいね。

ポール・ド・ブラの秘密 ❶

ポール・ド・ブラを大事にすると、バレエが上達するわけ

　バレエのレッスンに慣れてくると、何気なくポール・ド・ブラをするようになってしまうかもしれません。まだ足の動きで精いっぱいでアームスまで注意がいかない、という人もいるでしょう。実は、ポール・ド・ブラの精度を高めることは、柔軟性や動きのしなやかさといった体の使いやすさとつながっています。

　ひとつは、アームスの使い方次第で脚の動きを助けることができます。簡単にまとめると、

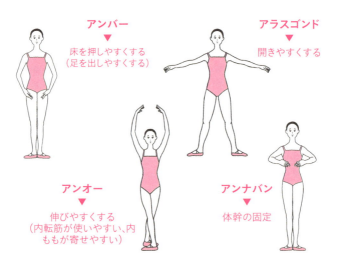

アンバー
床を押しやすくする
（足を出しやすくする）

アラスゴンド
開きやすくする

アンオー
伸びやすくする
（内転筋が使いやすい、内ももが寄せやすい）

アンナバン
体幹の固定

　たとえば、手をアラスゴンドにして5番ポジションをしてみてください。とてもやりにくいはずです。基本のポジションだけでなく、アラベスクやジュッテ、ジャンプ……。いろいろな振付のアームスが、そのポーズをしやすくするために存在しています。バレエの振り付けはムダがありません。手の位置は飾りではないのです。アームスの使い方を変えるだけで見た目や可動域、踊りの表現まで上達できるでしょう。

ポール・ド・ブラの秘密 ❷

ポール・ド・ブラ×目線で 全身はもっと使いやすくなる

　バレエでは踊りに顔を付けますが、これも単なる飾りではありません。たとえば、バーレッスンで「手をつけてプリエをする」という動き。このときにも顔を付けますね。

　実は、この「手をつけてプリエをする」という動きを分解すると、3つのパート*と少なくとも35個以上の動きに分かれます。使う筋肉のすべては数えられませんが、人間が一歩歩くのに使う筋肉数は約200。そこから考えてもプリエはもっとたくさんの筋肉を使うでしょう。もしこれをバラバラにやるとなったら大変です。ただ、これだけの数の運動を同時にコントロールできるスイッチがあります。**それが顔を付けたときの目線です。**ごく簡単にいうと、目で距離感を補正することで、細かい動きの調整(どれをどの順番でどのくらいのスピードで動かすか)を自動的にしているということです。

*プリエの3つのパートと目線のポイント

❶ 手をアラスゴンドにしながら目で手首と肘の間を見る（遠くを見る）

❷ 手(手首と肘の間)を目で追いながらアームス

❸ プラスでプリエ

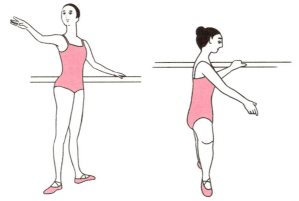

日本は天井が低い文化なので、私たちの目線というのは、無意識に制限されています。遠くを見ることに慣れていないのです。遠くを見ているようで、ぜんぜん違うところを見ていたり、つい足元に目がいってしまったりします。

ですから、意識して遠くを見て踊るようにするだけでも違ってきます。先生からよく、「舞台にいると思って踊りなさい」「お客様に見せるように踊って」と言われたりすることがあると思います。こうすることで、自然に目線が遠くなって踊るときに大きく動けるからです。

そういうイメージをもってみるのもいいですし、遠くを見るときは、「5m先を見る」などと具体的に決めて踊るようにすると、距離感がとりやすくなります。そして、重心もとりやすくなり、動きもスムーズになります。

普段から目線が下になりやすいなと思ったら、日常で歩くときから意識的に目線を上げてみてください。頭も軽くなって歩きやすくなります。もちろん踊っているときのバランスもとりやすくなります。

ただなんとなく顔を付けるのではなく、どこを見ているかが大切です。軸がブレやすい人は、とくに遠くを見るように意識しましょう。

柔軟性を高めたい方へ ～前屈&開脚～

バレリーナに体の柔らかさは欠かせない要素です。ただ、みんなが目標にするガラケーのようなベタッと前屈や、180度の開脚は筋肉の柔軟性の問題だけではなかったりします。

前屈のコツ

前屈はストレッチの中でも、基準になるものです。

なぜなら、首、背中、お尻、ハムストリングス、膝、アキレス腱まで、体の後ろ側全体の柔軟性と関係しているから。体を支える部分が使えていないと、前屈はできません。

さらに、肘を遠くに伸ばしたり、肩甲骨が上がらない状態をキープしないとできません。

つまり、前屈ができることで

- 軸が安定する
- 肘から肩甲骨が使いやすい
- 足を前後に上げた時につまる部分が少ない

というメリットにつながります。

前屈や開脚ができないとき、多くの方が、ハムストリングス（もも裏）が硬いからと考えがちです。

でも、いくらハムストリングスのストレッチだけをしても前屈はできません。かえってもも裏を痛めてしまうこともあります。それよりも、腰が落ちていたり、骨盤が立っていなかったり背中が硬いことに注目してください。骨盤を立て、背中をまっすぐ倒せるようになると、脚も伸ばしやすくなります。

バレエ自体が整体ですから、前屈に必要な動きをパーツに分けて、バレエの動きで整えることができます。これまでご紹介してきた調整法で説明してみましょう。

背中をまっすぐにする

アームスを絞って、上半身を整えるワーク（P96）がおすすめです。これをすると背中が引き上がり、肩が下がり、肋骨も締まります。いわゆる引き上がった状態になって背中をまっすぐ倒すことができます。なお、3番から5番のプリエを正しく行えることでも背中をまっすぐ使う準備になります。

骨盤を立たせる

いくつかの方法をお伝えしましたが、前屈の準備として簡単な方法は、プリエの1番、2番です。プリエで、背中を真っ直ぐ上げ下げ出できれば体幹が使いやすくなって体は折りやすくなります。

クイックワーク　前屈がしやすくなるツボマッサージ

普段、スマートフォンやパソコン作業が多い場合は、指が曲がりがち。そのせいで、ハムストリングスが硬くなりやすかったりします。

肘のあたりに曲池というツボがあります。ここを中心に周辺を指でマッサージしてみましょう。手の指が伸びやすくなります。バレエでは、「指先は丸めないように」「手は指先から水が流れるように」というアドバイスをされることがあります。これは、見た目のきれいさだけでなく、指をまっすぐ使うことで、体がストレッチしやすい状態になるからです。特に人差し指が伸びた状態は、ハムストリングスが伸びて前屈しやすくなります。

ゴリゴリ押したり、力で上から圧を加えてほぐすというよりは、皮膚の下にある膜を前後にこすって動かすように。

曲池

立ったまま仙骨を伸ばす
運動をしてみよう

前ページのいくつかの方法を行って、体を整えてから前屈するとしやすくなるのは確かですが、そんなに時間がないというときに便利な方法をお伝えしましょう。仙骨を伸ばすことで、立ったままベタッと前屈する体勢に近づける方法です。

1 手は床につけてしゃがみます。

2 1からゆっくりお尻を持ち上げていくと、前ももに力を入れずにすむポイントがあります。

ハムストリングスは上にふくらはぎは下に伸ばす意識で。

3 2から7秒くらいかけて脚を無理のない範囲で伸ばしていきます。

肘から手首を使って床を押します。

脚を伸ばすことが目的ではなく、この運動では仙骨辺りに伸びを感じられればOKです。

4 何度か繰り返すと、前屈がしやすくなります。

\ 前屈、
前後開脚にもおすすめ！ /

プロペラ前屈をしてみよう

　プロペラ前屈は、前屈をするときに、背骨が丸まってしまうのを胸椎のねじりと肘を使って防ぐ方法です。前屈で体が引っかかりやすい、肘から肩甲骨、骨盤と股関節、胸椎にアプローチすることができます。

　具体的には、「体のねじり＋肘で押すこと」で、肩甲骨と脇を固定したまま前屈を深めていきます。猫背を減らして、背骨の固さをとることができますから、前屈はもちろん、前後開脚で体が開いて斜めになってしまうことを防いだり、ドゥヴァンで脚を前に上げやすくもなります。

やり方

1 足は腰幅に開きます。腕のターンアウト（P10）をして、脇を絞ります。両手を広げたら、手首だけ下に向けます。

二の腕からしっかりひねって、脇が絞られるように。

脇は絞られたまま

腕は外に回したままで手首だけ下に返す。

2 腕が前後になるように体をひねります。

顔が正面を向いたままで胴体をひねりましょう。顔が斜めになってしまうと効果が半減します。

腕は体の前と後ろにくるようにします。

3 肘を出っ張りの方向に押しながら体を前に倒す。

広背筋が使えて、肩甲骨と骨盤がキープしやすくなります。

足指を前に伸ばしながら行いましょう。内在筋を伸ばすストレッチにもなります。

肘は押していますが、動いてはいません。前屈は無理のない範囲でかまいません。

4 反対の腕が前後になるように、1〜3を行いましょう。

開脚のコツ

開脚ができないとき、股関節を開かせようとストレッチに精を出している人は多いでしょう。しかし、縦スプリッツ（前後開脚）、横スプリッツ（左右開脚）どちらにしても、股関節の柔軟性の問題だけではありません。ほとんどの方はそもそもの開脚の体勢がしんどいはずです。

開脚の体勢がとれない原因の多くは、「背中が丸まって腰が落ちる」「股関節が開かず引っかかる」「膝が伸びない（膝裏が引っかかる）」のどれか、もしくはすべてかもしれません。

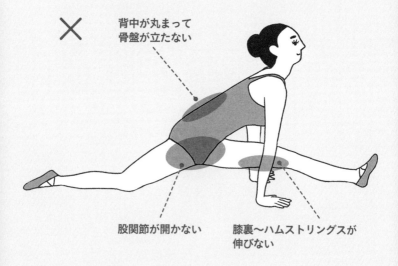

× 背中が丸まって骨盤が立たない

股関節が開かない　膝裏〜ハムストリングスが伸びない

座った状態をキープするための調整をしてみよう

ここまでお伝えしてきたチューニング法で調整が可能です。

股関節を開きやすくする
骨盤が立つ、背筋が伸びる

1番、2番プリエは腰骨（骨盤）を軸にした動きです。これがまっすぐ深くできるようになると、お相撲さんのまたわりの効果で体幹を支えている腸腰筋を伸ばすことができます。

軸を集める

足のポジションをとるとき、脚がはじまる位置を意識してみると軸がとりやすくなります（P26、27）。日頃から、丹田ウォーク（P71）をするのもよいでしょう。

体幹を作る

P78「広背筋をストレッチするワーク」で背中を使えるようになると、肋骨を締めたり、骨盤を立てることもしやすくなります。おのずと体幹も意識しやすくなります。

骨盤を揃える

P68の横のカンブレの動きを使ったワークは特に縦スプリッツの準備として有効です。

お尻が開かないときのワーク

開脚ができないという人の中には、お尻が開かない、お尻が引っかかるように感じるという人もいるかもしれません。
横カンブレを使った調整法をご紹介しましょう。

やり方

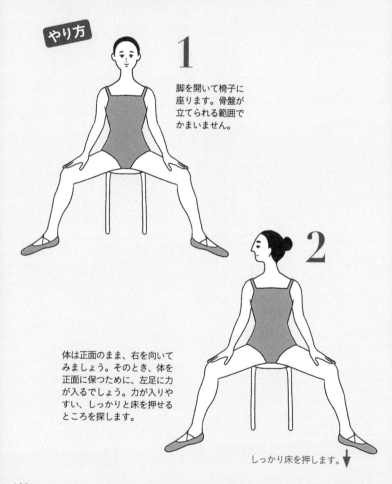

1
脚を開いて椅子に座ります。骨盤が立てられる範囲でかまいません。

2
体は正面のまま、右を向いてみましょう。そのとき、体を正面に保つために、左足に力が入るでしょう。力が入りやすい、しっかりと床を押せるところを探します。

しっかり床を押します。

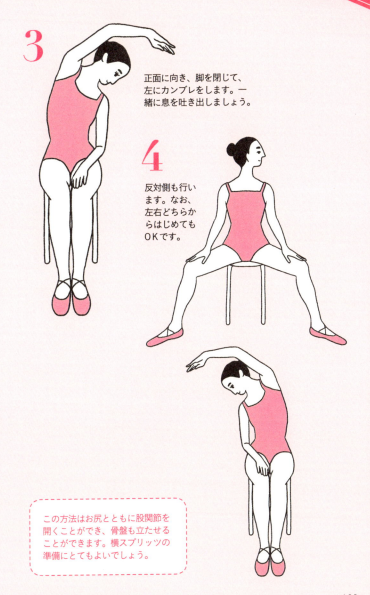

3
正面に向き、脚を閉じて、左にカンブレをします。一緒に息を吐き出しましょう。

4
反対側も行います。なお、左右どちらからはじめてもOKです。

この方法はお尻とともに股関節を開くことができ、骨盤も立たせることができます。横スプリッツの準備にとてもよいでしょう。

ふろく②

足と体のつながりがわかる
ボディマップ

　足と体の連動（つながって動く部分）について、大まかですが説明しておきましょう。

　これは、バレエ用の体の使い方（「あばらを締める」「骨盤を立てる」など）と東洋医学の経筋を合わせたものです。経筋は、筋肉の走行ルート、つながりを示します。

　バレエは足先まで美しく使うことが重要視されますが、足指を使うことで、体全体も使いやすくなります。

　たとえば、バレエのパの基本であるタンデュは、足指で床をしっかり押しながら滑らせ、その延長でつま先まで伸ばし切ることが大切です。先生によっては「床を滑らす足の指を重たく使って」とアドバイスされることもあるかもしれません。タンデュが正しくできると足指が働き、体全体も動きやすくなるのです。

　足と体のパーツのつながりを知っておくと、タオルギャザーのエクササイズなどで、足裏を鍛える意味もわかるでしょう。

\足と体のつながりを知る/

経筋の活かし方❶ アラベスク

❶ 全部の指（特に小指）
背中が伸びやすい

❷ 親指
脚をスーッとあげやすい

❸ 親指・小指
内転筋やハムストリングスを使いやすくする

❹ 全部の指
膝が伸びやすい

❺ 親指・小指
外体重（小指に乗る）になりにくい

ふろく❷

\ 足と体のつながりを知る /

経筋の活かし方❷ パッセや片足立ち

❺ **親指・小指**
内転筋やハムストリングスを使いやすくする

❶ **全部の指**
体幹が安定する

❷ **全部の指**
膝が伸びやすい

❹ **親指**
足をスーッと上げやすい

❸ **親指・小指**
外体重（小指に乗る）になりにくい

\ 足と体のつながりを知る /

経筋の活かし方❸ 足首の問題から見た場合

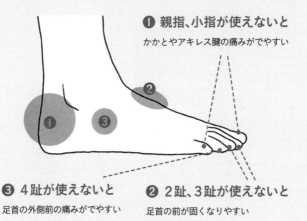

❶ 親指、小指が使えないと
かかとやアキレス腱の痛みがでやすい

❸ 4趾が使えないと
足首の外側前の痛みがでやすい

❷ 2趾、3趾が使えないと
足首の前が固くなりやすい

足指からの経筋ルート 〜概略〜

ざっくりですが、各足指からは以下のようなルートでつながっています。だから、足指が使えると全身が使いやすくなるのです。

親指からのつながり①　親指〜内転筋〜肋骨裏まで
親指からのつながり②　親指〜内転筋〜横隔膜まで
小指からのつながり①　小指〜骨盤〜後頭部まで
小指からのつながり②　小指〜体後ろ全域〜頭部まで

親指と小指がつながるところ
体の内側（内転筋、腹筋、インナーマッスルなど）
体の外側（ハムストリングス、脊柱起立筋、広背筋など）
2趾、3趾〜足の甲からのつながり　体の前面〜顔まで　脇〜背中まで
4趾からのつながり　4趾〜体の側面〜側頭部まで

島田智史（しまだ さとし）

東京都港区三田にある鍼灸院「専心良治」院長。 現在、年間2,600人以上に対して施術を行っている。整形外科で3年勤務後、2010年治療院開院。 開院後に施術した人数は約20,000人。 バレエに有効な体の使い方、調整に定評がある。 訪れるクライアントは、日本全国のみならず海外からにも及ぶ。

専心良治 住所　東京都港区三田5-6-8 ナカムラビル3階
ホームページ　https://www.senshinryochi.com/
ブログ「バレエダンサーさんの治療院」　https://balletdancersenshin.net/
YouTubeチャンネル　https://www.youtube.com/channel/UCi0SnChv06KjxJyfgIYAIBw

これで先生のアドバイスどおりに踊れる！
バレエ整体ハンドブック

発行日	2019年2月15日　第1刷　発行	
	2023年5月12日　第5刷　発行	
著者	島田智史	
編集	林美穂	
デザイン	中山詳子	
イラスト	関根美有	
発行者	田辺修三	
発行所	東洋出版株式会社	
	〒112-0014 東京都文京区関口1-23-6	
	電話 03-5261-1004(代)　振替 00110-2-175030	
	http://www.toyo-shuppan.com/	
担当	秋元麻希	
印刷	日本ハイコム株式会社(担当：前田武彦)	
製本	ダンクセキ株式会社	

許可なく複製転載すること、または部分的にもコピーすることを禁じます。
乱丁・落丁の場合は、ご面倒ですが、小社までご送付ください。
送料小社負担にてお取り替えいたします。

ⓒSatoshi Shimada 2019, Printed in Japan
ISBN 978-4-8096-7927-8 C0073